인간 차별

인간 차별

1판 1쇄 인쇄 2025. 1. 14.
1판 1쇄 발행 2025. 1. 23.

지은이 안희경

발행인 박강휘
편집 김성태 디자인 정윤수 마케팅 정희윤 홍보 반재서
발행처 김영사
등록 1979년 5월 17일 (제406-2003-036호)
주소 경기도 파주시 문발로 197(문발동) 우편번호 10881
전화 마케팅부 031)955-3100, 편집부 031)955-3200 | 팩스 031)955-3111

값은 뒤표지에 있습니다.
ISBN 979-11-7332-064-4 03300

홈페이지 www.gimmyoung.com   블로그 blog.naver.com/gybook
인스타그램 instagram.com/gimmyoung 이메일 bestbook@gimmyoung.com

좋은 독자가 좋은 책을 만듭니다.
김영사는 독자 여러분의 의견에 항상 귀 기울이고 있습니다.

안희경

Discrimination
Among People

그러나 고유한 삶들의 행성

인간 차별

김영사

외면은 나의 어느 날을 위태롭게 할 수 있다.
우리가 소중하게 생각하는 그것이
결국 우리를 설명한다.

혜나와 친구들이 야외 탁자에서 점심을 먹고 있다. 봄 햇살이 소녀들의 검고 노랗고 붉은 머리칼에 빛을 터트린다. 선생님들은 옆 탁자에서 식사하고 아이들은 교정 곳곳에 둘러앉아 샌드위치를 먹는다. 캘리포니아주 북부에 있는 한 초등학교의 점심시간 풍경이다. 학교는 견과류 알레르기가 있는 혜나를 관리하고자 두 탁자 중 한 곳을 지정해주었다.

혜나 엄마는 딸이 두고 간 과제물을 가져다주러 학교를 찾았다. 교정에 들어선 순간 목메고 말았다. 한낮 뜨거운 볕을 피해 모두가 그늘로 들어가 식사하는 가운데 혜나 홀로 탁자에 앉아 있었다. 소녀들의 우정도 그 뜨거운 볕을 참아내지 못했다. 알레르기를 관리하려고 내린 학교의 분리 조치가 차별로 변질하고 있음을 그 누구도 알아차리지 못한 것이다. 구분에 익숙해지는 사이 교정의 볕이 무섭게 달아

올랐다. 차별은 의도하지 않은 곳에도 스며든다.

나는 2002년 미국으로 이주했다. 한국 국적을 가진 이민자다. 이민과 동시에 미국 사회가 규정한 낯선 항목에 나를 표기해야 했다. 운전면허시험 같은 공문서에는 민족 계통을 표기하는 항목이 나열되어 있다. '아시안 퍼시픽 아일런더 Asian Pacific Islander(아시아 및 태평양 섬 지역 출신)'가 내가 표기할 항목이었다. **'여기는 이 구분이 이토록 중요한가?'**

다인종 국가에 정착하며 개인을 분류하는 사회적 기준이 곧 '내가 속한 집단'을 지정한다는 것을 학습했다. 그것이 정체성이란 어휘로 통용된다는 것도 인지했다. 이질감이 일었다. 30여 년 동안 내가 가늠해온 정체성은 '나는 누구인가?' 와 비슷한 질문이었다. 내면으로 향하는 물음이자 자아 성찰 과정이었다. 그러나 미국에서 맞닥트린 정체성은 외부를 향해 있었다. 내가 사회적으로 존재하고 있음을 증명하는 '답 찾기'와 비슷했다. 주류와 비주류를 선 긋는 통념을 바탕에 깔고 있다고 다가왔다. 정치와 연동한다.

내가 '정체성'이란 단어의 실체에 의문을 품은 동기는 인종적으로 마이너리티에 속한 데 있었다. 실존이 생각을 자극했다. 그 점을 지난봄에야 분명히 인식했다. 《인간 차별—그러나 고유한 삶들의 행성》을 탐구한 지 2년이 지났을 때였다. 주류는 정체성을 고민하지 않는다. 한국에서 비교적 주류로 살면서 내 안에서 올라왔던 정체성 비슷한 물음은 10대까지 '딸'이었고, 20대로 접어들어 사회 초년생, 젊은 여자였다. 내 친구 중에는 여기에 지방 출신, 장애인, 퀴어 등이 겹쳐 있기도 했다. 당시 한국 사회가 그어놓은 선 밖으로 내쳐질 때 억울함과 뒤엉켜 올라오는 물음이었다. 옅게는 무시와 배제로, 지독하게는 차별과 혐오로 자극해왔다.

이민자로 산 지 10년 정도 흐르고 나서 감사하는 지점이 하나 생겼다. 바로 내가 갖게 된 마이너리티라는 인식이다. 그것은 몸에 어린 긴장감이기도 하지만 그 속에서 내 세상이 확장했다. 한국 안에 있는 이주민들의 삶에 신경이 쓰였다. 각기 다른 카테고리로 분류되어 소수자라 불리는 세상의 존재들과도 연결됐다. 어떤 공간, 어떤 상황에서 어떤 약자가 느낄 감정에 예민해졌다.

감정은 우리의 상태를 설명한다. 그 사회에 안개처럼 내려앉은 무시, 배제, 혐오, 차별은 때론 느낌의 변주로 때론 물리적 억압으로 침범한다. 마치 햇빛이 바다 깊이에 따라 서로 다른 파랑으로 농도가 달라지듯. 나는 감정의 결을 살피고 싶었다. 서로의 사정을 이해하면 제도적 구분에 따라 작동하는 통념일지라도 혐오로 급발진하지 않을 수 있다고 기대하기 때문이다. 그 감정들 가운데 '초라함'에 집중해보고자한다. 초라함은 누구나 아는 감정이다. 그리고 상대성이라는조건 속에서 작동한다. 그 실체의 겹겹을 들춰보고자 한다.

2022년 3월부터 《인간 차별 — 그러나 고유한 삶들의 행성》의 탐구 여정을 시작했다. 미국과 한국을 오가며 취재했다. 미국에서는 주변 관계에서부터 심층 인터뷰를 해나갔고, 한국에서는 지인과 활동가들의 도움을 받아 당사자들에게다가갔다. 그들 삶의 이야기로 차별의 겹을 실타래 풀 듯 헤쳐 보이고자 에세이라는 장르를 택했다. 독자인 당신의 마음속에 있을 초라함의 기억, 이방인의 시간과 연결되고자 내이야기까지 길어 서술했다. 부모 세대, 조부모 세대와도 연결되면서 M, Z, 알파 세대의 오늘까지 탐구하는 시간이었다.
당신이 있는 곳이 어디일지라도 당신의 공간이 안녕하도록 통념을 변화시키고자 몰입한 작업이다. 그리하여 당신이이 책을 읽는 동안 무심결에 '나도 그렇지!'라는 탄성이 새어 나오는 순간으로 통하고 싶다.
우리는 모두 '다름'을 안고 살아간다.

2025년 캘리포니아주 새크라멘토 도경료道境寮에서
안희경

차례

달라서
두려운 '나'들

샌프란시스코 해안에서 불어온 미풍에 늦더위 열기가 밀려났다. 미시즈Mrs. 링크는 예배 시간보다 30분 일찍 교회에 도착했다. 새로 오는 신도가 갖춰야 할 자세라고 생각했다. 하지만 주차 공간은 많지 않았다. 미니밴들 사이에 흰색 렉서스 승용차를 세우고 운전석에서 내리는 그녀를, 아이를 앞세우고 본당으로 가던 젊은 부부들까지 힐끔거렸다. 늘어뜨린 미키모토 진주목걸이가 그녀의 우윳빛 재킷 사이로 찰랑거렸고 2캐럿 다이아몬드 반지는 간간이 빛을 반사했다. 70대 중반이라는 게 믿기지 않는 꼿꼿한 등과 곧게 뻗는 걸음이 챙 넓은 페도라와 어우러져 주일 풍경에 우아함을 더했다. 1970년대 오산에서 그녀의 별명은 소피아 로렌이었다. 병상에 있던 남편을 떠나보내고 수년 만에 한인 교회를 찾은 날이다.

예배 10분 전, 중간쯤 앉은 미시즈 링크 옆으로 초로의 여성이 자리를 잡았다. 자신을 담임 목사의 아내라고 밝힌 그녀는 어울릴 또래를 만나지 못해 적적했는데 친구로 지내고 싶다며 반겼다. 미시즈 링크는 미소를 머금고 넌지시 물었다.
"저는 국제결혼을 한 여자인데, 괜찮겠어요?"
사모는 자리에서 일어났다. 10년 전의 일이다.

우리 식구는 미시즈 링크를 김 할머니라고 부른다. 가까이 살았고, 덕분에 내 두 아이가 한국 할머니의 '밥정'을 누렸다. 링크 할아버지도 큰애의 첫 자전거는 꼭 당신이 사주겠다 했던 약속을 지키고자 돌아가시기 전에 할머니에게 아이가 다섯 살이 되면 사주라고 돈을 맡겼을 정도였다(그때 큰애는 두 살이었다).
큰아이 4학년 때였다. 학교에서 열린 '조부모와 함께하는 티 타임' 행사가 있었다. 재킷을 입고 모자를 쓰고 예절을 익히는 자리였는데, 김 할머니가 붉은 원피스 정장과 버건디색 모자를 쓰고 함께했다. 행사가 끝나갈 즈음 그레이스 켈리를 닮은 트리샤의 할머니가 카메라를 목에 건 나를 불러

세웠다. 새로 사귄 친구와 사진을 찍고 싶다며 김 할머니를 꼭 끌어안고 포즈를 취했다.

김 할머니는 오산에서 미군이던 링크 할아버지를 만났다. 그들은 자식을 구김 없이 키우고자 미국행을 감행했다. 1980년대 초였다. 할머니는 왜 30년 넘도록 '국제결혼'이란 말을 하며 다가오는 한국인을 시험했을까? 어쩌면 할머니는 그 사모와의 만남을 금세 잊었을지 모른다. 내게 지나가듯 건넨 일상의 한 토막이었으니까. 그러나 나에겐 체기로 남아 있다. 이민해 만난 한인들에게 미군 남편을 따라 정착한 할머니들을 담장 밖 사람들로 선 긋는 얘기를 여러 번 들었기에 더하다. 나와 비슷한 시기에 대학을 나와 결혼해 이주한 여성들도 엇비슷한 토를 달았다. 커피를 주문할 때마저도 영어 울렁증을 달래던 이들이다. 초기에 온 할머니들은 대부분 주류 사회로 뛰어들어 취직하고 장사도 벌이며 억척스레 경제력을 키웠다. 일제 강점기에 태어나 전쟁 속에서 유년기를 보내고 상급학교 진학을 포기한 채 오빠와 남동생의 학비를 벌며 살림을 일구던 딸들이다. 지금은 부유한 노후를 보내고 있지만, 집안 대사에 초대받지 못했던 그 시간을 떠올리며 헛헛해한다.

김 할머니의 활약에 힘입어 으쓱해진 아들은 더는 반 아이들 속에서 마이너리티로 다르게 보이고 싶지 않은지 내게 평범한 점심을 싸달라고 요구했다. 그 평범함은 피넛버터 앤 젤리 샌드위치였다. 식빵에 피넛버터와 잼을 바르고 바나나를 납작하게 썰어 끼우는, 내 눈에는 간식거리로만 보이는 부실한 도시락이다. 볶음밥이나 김밥이 담긴 도시락은 아들에게 동글동글한 알갱이들이 가득해 동무들에게 '우웩' 하는 반응을 유발한 상자였다.

그즈음 작은아이의 반에서 자원봉사를 하고 나올 때였다. 에밀리오 엄마와 마주쳤다.

"두 번째 책 낸 것, 축하해!"

어떻게 알았냐고 물으니, 에밀리오의 누나 반에서 자원봉사를 하는데 같은 반에 있는 내 아들이 불만에 찬 목소리로 "우리 엄마가 두 번째 책을 냈어. 엄마가 너무 바빠서 내가 정말 피곤해!"라고 외쳤다고 한다. 속마음을 말하면 '영어 발음도 후지고 너희 엄마들과 친하지도 않은, 수업 보조 대신 복사만 하고 가는 우리 엄마가 멍청한 건 아냐!'라는 과시였다. 아시아계 두 명, 라틴계 한 명을 빼고 온통 백인인 학급에서 그렇게 큰 소리 한번 내본 것은 어쩌면 담임 선생님을 믿었기 때문인지도 모른다. 담임 선생님인 미스 길먼은 부모가 아무리 열성적으로 학교 일에 관여하여도 공부를 열심히 하는 아이들에게만 관대했다. 그 반에 인종차별은 없었다. 단, 엘리트 차별은 존재했다. 학년이 끝나고 미스 길먼은 유치원으로 쫓겨났다. 열성적인 백인 엄마들의 등쌀에 백인 교장이 내린 타협이었다. 그들이 학교와 사회에 언어, 폭력, 제도적 차별이 아닌 공기처럼 깔린 백인 중심 문화를 알아차리기란 불가능한 일일 수도 있다. 그저 자신의 둘째나 셋째는 생경한 불공정을 경험하지 않도록 단결했을 뿐이다. 엘리트 차별은 주류와 비주류를 가리지 않기에 불평등에 반대하는 민주당 지지층이 다수인 학부모들에게 금방 눈에 띄었다.

이후 아들의 허세는 다시는 없었다. 한국인 티가 나는 옷이나 물건을 드러내길 꺼렸고 차에서 K-팝을 즐겨 듣다가도 내가 창문을 열면 얼른 닫으라고 닦달했다. K-문화가 대세로 자리 잡고 자존감을 키워가던 11학년(한국의 고등학교 2학년)까지 줄곧 그랬다. 나는 외향적인 딸과 달리 남편 성격을 닮았다고 생각했다. 신혼 초 새집으로 이사한 뒤 한문으로 쓴 택호를 목판에 새겨 길목에서부터 보이도록 문 옆에 걸려 했는데 남편은 그런 나를 극구 말렸다. 결국엔 집에서 밖으로 나갈 때나 보이는 기둥 안쪽에 걸었다. 그 사정을

20년이 지나서야 헤아렸다.

  콜로라도주 덴버에서 자란 1981년생 스티븐 김과 이야기를 나누던 어느 날이었다. 그는 학창 시절을 유일한 동양인이자 한국인으로 보냈다고 했다. 한국에서 화학 교사였던 그의 어머니는 한국이 어디에 있는지조차 모르는 사회 속에서 자식이 중국놈chink(칭크) 소리를 들을까 염려해서, 또 민간 외교관이라는 국민 의식에서, 한국을 알리는 수업을 자청했다. 추석에 송편을 빚어 나눠주기도 했는데, 스티븐은 성실히 반복된 그 시간이 견딜 수 없었다고 했다.

  "나는 광대가 되기 싫었어요."

  그의 어머니는 그를 이해하지 못했다. 듣는 나도 이해하지 못했다. 자긍심을 심어주려는 어머니의 엄청난 정성을, 자신을 놀림감으로 만든 트라우마로 여기다니. 스티븐은 한국사람들 속에서 자란 한국사람은 알 수 없다고 못 박았다. 경찰관, 소방관까지 모두 한국인인 곳에서 살던 사람들은 혼자만 생김새가 달라 그저 서 있는 것만으로도 받아야 하는 수상한 눈빛을 견디는 그 기분을 알 수 없다고 했다. 거기에 예닐곱 살 스티븐은 행사에 맞춰 한복까지 입고 등교했으니…. 그때는 K-팝도 없던 시절이었다.

그제야 나는 경험이라는 빅데이터가 만들어낸 삶의 태도를 몸으로 수긍했다. **열등한 존재로 몰려 분노의 먹잇감이 될 수 있는 '다른' 부류의 삶 말이다.** 서울 금천구 독산동에 사는 중학생 하은이는 친구들이 자신의 엄마와 아빠가 조선족인 것을 모른다고 했다. 초등학교 저학년 때는 엄마가 일일교사로 와서 중국 동포에 대해 소개하고 역사 교실도 열었지만, 고학년이 되면서 엄마에게 그만해달라고 부탁했다. 하은이와 스티븐 사이에는 30년이라는 시차가 있을 뿐이다.

'다름'이 가난과 맞물리면 더욱 날 선 배제와 조롱이 파고든다. 서울 용산구 보광동에 사는 아미르는 모로코인이라는 혈통, 곱슬머리, 갈색 피부보다 더 진저리가 나는 다름으로 운동화를 꼽았다. 학교에서 나이키나 아디다스, 퓨마 중 그 어느 것도 신지 않은 아이는 자신뿐이라고 했다. 선생님마저 나이키를 신었다고. 아미르가 아빠를 조른 지 1년이 넘었다. 그러나 미등록 외국인으로 공사판을 전전하는 아버지로서는 (금방금방 크는 아이 발에 맞춰) 고작 6개월 신고 버릴 신을 사는 데 큰돈을 치를 능력도 없고 상상도 하지 못했다.

2023년 3월 말이었다. 아들의 고등학교에서 방과 후 체육대회 연습이 한창이었고, 아들은 열여덟 살이지만 차를 운전하지 않았기에 주차장에서 기다리고 있었다. 저녁 8시가 되자마자 아들이 내 차로 달려왔다. 빨리 출발하자고 재촉했다. 조금 있으면 무슬림 친구들이 앞다퉈 집에 가려고 나오기에 주차장 출구가 혼잡할 거라고 알려줬다.

"지금 다 예민해요. 라마단이라 해가 져야 밥을 먹는데, 종일 굶고도 2시간이나 뛰었어요."

그 말이 왠지 반가웠다. 나는 이만큼이나마 타인의 사정을 알고 어우러진다면 그 다름이 무엇이든 우리 안에 있는 다름을 구분하는 벽이 조금은 낮아지지 않을까 생각해본다. 다를 수밖에 없는 사정을 조금만 더 안다면 내 안에 있는 초라함의 상처에 주눅 든 어린아이도 세상을 끌어안고 자라날 기회를 얻지 않을까?

"여기와 거기가 초라하지 않은 곳이길 바란다."

구분의 선

1장 —

차이를 무시한 싸늘한 차별

그리움이
서러움이 되기 전에

"맙소사! 2천 700년 된 거였어."

2023년 봄, 딸을 친구 생일파티장으로 데려다주는 길에 터져 나온 각성이었다. 이민 초기 8년을 살던 만자니타 거리를 운전할 때였고, 당시 한국인 1세 친구들과 《그리스 비극》을 읽고 있었다. 기원전 5세기 아테네에서 공연하던 비극에 관한 책이다. 반 넘게 읽으면서도 앞 장에 나온 한 분석 대목이 머릿속에서 떠나지 않았다. **'고향을 떠난 자와 고향에서 끌려 나온 자 그리고 짙은 피부색'**이라는 비루함의 조건이었다. 적어도 2천 700년이나 묵은 서글픔이자 2등 시민의 표식 아닌가! 이민자로 21년을 살아온 나는 그 표식을 내가 더 노력하지 않아서 차고 있는 청승 주머니라고 여겨왔다. 웃음이 새어 나왔다.

2002년, 피앙세 비자(결혼이민 비자)를 받아든 내게 어머니는 비장하게 말했다.

"나와 네 아빠가 실향민 1세대로 너희를 키웠듯 미국에서 네가 1세대가 되어 시조를 이루는 거야."

너무 거창한 서사라고 생각했다. 나를 실향민 2세로 여겨본 적도 없을뿐더러, 영어를 잘해야 한다는 조급함에 그런 과한 서사는 귀에 들어오지 않았다. 독립한다는 벅차오름도 있었다. 그때는 미국 이민이 서른한 살에 입학하는 유치원인 줄 몰랐다.

먼저 온 이민자마다 내가 안다고 생각하는 것들을 지우길 조언했다. 성취한 것을 잊어야 빨리 중학생이 되고 어른이 된다고들 했다. 성인을 위한 학교에서 공짜로 영어를 배울 때, 내 옆에 앉은 빅토리아는 모스크바대학교 졸업장은 북극해 저편에 두고 왔다며 이민 전 삶을 '전생'이라 불렀다. 몰도바에서 온 중년의 소아청소년과 의사 로아나는 학교에 있는 간호조무사 수업을 듣겠다고 말했는데, 그녀의 영어 발음을 좀체 알아듣기 어려워 수술복 같은 진녹색 옷을 입고 나타나서야 이해했다.

그로부터 12년이 흘렀다. 2014년, 세계 석학들과 문명을 진단하는 인터뷰를 이어갈 때였다. '스리랑카의 간디'로 불리는 공동체 운동가 A.T. 아리야라트네를 만나러 인천에서 스리랑카로 떠났다. 도쿄에서 갈아타는 여정이었는데 좌석에 앉아 한참 기다려도 비행기가 이륙할 기미를 보이지 않았다. 뒤늦게 기체 결함을 발견해 점검한다는 방송이 나오기에 연결 비행기를 놓칠 것 같아 승무원에게 사정을 설명했다. 승무원은 일단 내리라고 권했다. 그 순간 탑승할 때 인사를 나눈 스리랑카 청년 여덟 명이 생각났다. 경기도와 전라도에 있는 공장에서 일하는 노동자들로, 휴가 가는 이도 있고 귀국하는 이도 있었다. 승무원에게 일본에서 같은 비행기를 탈 친구들이 있다고 이르고는 비행기 꽁무니로 달려가 그들에게 알렸다. 우리는 우르르 비행기 몸통을 가로질렀다.

항공사는 밤 10시 40분에 콜롬보로 직행하는 비행편을 제안했다. 12시간 뒤에 출발하니 공항 호텔 숙박권도 주겠다고 했다. 원래 일정보다 반나절 늦어지지만 가장 빠른 대안이었다.

청년들은 한국 국적인 나와 달리 출입국관리사무소에서 다시 입국 신고를 해야 했다. 나도 따라갔다. 출국장 근처였고 정복을 입은 중년 여성이 문틀에 기대어 서 있었다. 옷맵시가 빼어났다. 그는 다가오는 청년들을 싸늘한 눈빛으로 바라보았다. 고개를 까닥이며 청년들을 위아래로 훑었다. 외치고 싶었다. '당신의 그 눈빛은 차별이야!'

항공사 데스크로 자리를 옮겨 숙박권과 식권을 받고, 나는 한 가지를 요청했다.

"다들 지방에 살아 열차 타러 콜롬보 시내로 들어가야 하는데 새벽에 도착하니 택시를 탈 수밖에 없어요. 이런 경우 외국 항공사는 숙소를 제공하거나 비행기표 살 때 쓸 수 있는 바우처로 변상합니다. 택시비를 지급하면 좋겠어요."

옆에 있던 직원이 책임자에게 속삭였다.

"얘네한테 그렇게까지 할 필요 없습니다."

그럼, 누구에게는 할 필요가 있는 걸까? 책임자는 택시비 영수증을 가지고 한국에 오면 지급하겠다고 했다. 귀국하는 이들은 어떡하냐고 묻는데, 디네시가 나를 말렸다. 한국어를 제일 잘하는 친구다.

이튿날 새벽 4시, 콜롬보 국제공항.

비행기 연결 통로를 나오자마자 한 중년 신사가 들뜬 얼굴로 서 있었다. 그는 함께 온 청년 중에서 유독 말이 없던 친구를 얼싸안았다. 둘은 유유히 검색대를 빠져나갔다. 공항 대합실은 환영객으로 북적거렸다. 아이부터 지팡이에 턱을 괸 노인까지 삼대가 어우러진 여러 가족이 잔치를 벌이듯 흥겨워했다. 반짝이는 눈동자들이 출국장에서 나오는 승객을 쫓고, 차려입은 여인들은 설렘으로 부풀어 올라 있었다. 세상의 나비가 죄 몰려든 것처럼 혼곤했다. 어쩌면 이들이 기다리는 승객은 나와 함께 온 청년들이 전부일지도 모른다. 그런데 나는 인천에서 이들의 사정이 나와 달리 곤란해질 거라며 자본주의 셈법을 내세웠다. 이치에 어긋나진 않아도 내 동병상련 마음속에 스리랑카인에게 편견이 있음을 보았다. 13년 차 이민자였던 나, 그제야 어머니에게도 나처럼 마이너리티 감성이 있었는지 궁금해졌다. '이북내기'라 불리는 가운데 마음으로 들어온 모멸감이 있었는지.

며칠 전, 동네 친구인 은혜 씨에게 '네게 이민은 어떤 거야?'라고 물어보았다. 은혜 씨는 "여기가 내가 죽을 곳이구나!"라고 답했다. 유학생 남편을 따라 미국에 온 은혜 씨는 남편이 박사학위를 마쳤을 때, 한참 초등학교에 잘 다니고 있는 두 딸에게 서툰 한국어로 다시 시작하자고 하기가 머뭇거려졌다. 남편도 경력을 쌓고 싶어 해 귀국을 미뤘다. 그리고 채 알아차리기도 전에 자기 삶의 질서가 머물고 있는 이 땅의 리듬에 맞춰 굳어졌다는 것을 느꼈다. 비자 종류가 바뀌었다. 집을 장만했다. 그때 은혜 씨를 덮친 생각이 '아! 내가 여기서 죽겠구나'였던 것이다. 마흔 고개를 넘어가며 '머물다 갈 사람에서 사는 사람으로' 심리적 이민을 겪은 은혜 씨는 도망쳐야 하나 하는 생각에 몸마저 힘든 시간을 보냈다고 했다.

10여 년 전 나도 두 번째 이민을 겪었다. 강가를 걷고 오는 길, 등이 활처럼 휜 노인이 앞마당에 엎드려 알뿌리를 심고 있었다. 이윽고 노인은 두 손을 벌려 땅을 쓸어 흙을 돋우고는 양동이를 짚고 후들거리며 일어섰다. 곧이어 모종삽과 끌개를 양동이에 담고 천천히 집 안으로 들어갔다. 바닥에 끌리는 양동이 소리도 그를 뒤따랐다. 나도 여기 있다가는 저렇게 만년을 보내겠구나 싶었다. 그때는 싫었다.

'도망가야 하나'라는 생각을 왜 했을까? 그리움이 사무쳐서는 아니다. 정확한 물음은 '계속 이대로 살아야 하는가'일 것이다. 남의 땅에 적응했으나 곁방에 세 들어 사는 느낌이었다. 몸을 사려야 하고, 느닷없이 초라한 나를 마주하는 시간을 보내야 하는. 말이 세세히 통하고, 보름달을 보면 떠오르는 이들이 사는 곳이자 내 수완이 통할 곳으로 돌아가고 싶었다.

그럼에도 은혜 씨와 나는 아직 여기에서 살고 있다. 학교 일을 시작한 은혜 씨는 동료들과 가치 있다고 여기던 일을 도모했다. 나는 밥을 나누고 생각을 나누는 동네 친구들이 늘어가며 남의 땅이 아닌 '우리 동네'에서 살게 되었다. 인종을 넘어 서로에게 감탄하는 친구도 늘어갔다. 사는 곳의 문제에도 목소리를 내기 시작했다.

그리움이 서러움을 부르지는 않는다. 오히려 서러움이 내 속에 그리움이 있음을 확인해주고 때론 우울로도 이끈다. 곁에서 나도 너와 같고 너도 나와 같다는 헤아림이 번질 때, 그리움은 누구나의 마음속에 있는 그 감정과 순하게 동행하는 것 같다.

스리랑카에서 아리야라트네를 인터뷰하고 인근 도시로 이동하는 중 시골에서 한 청년을 만났다. 그는 나를 집으로 초대했고, 장미가 그려진 본차이나 커피 잔에 한국 커피믹스를 타서 내게 두 손으로 건넸다. 얼굴엔 자부심 가득 담긴 미소가 출렁였다. 그는 찻숟갈을 받침에 두고도 커피믹스 봉지를 얇게 접어 잔 안에 빠뜨려놓았다. 한국어능력시험 문제지를 내밀며 답을 표시해달라고 했다. 나는 답을 표시하면서도 안타까웠다. "한국에 다녀와서 집도 짓고 장가도 들었는데 왜 또 그 험한 곳으로 가려고 하느냐"라며 말렸다. 때마침 노동자 권리 대목이 나오기에 나는 눈을 맞춰가며 이 문항들은 실제로도 중요하니 반드시 외워야 한다고 당부했다. 말이 길어지자 청년은 시험 점수 인정 기한이 지나 다시 보려는 것뿐이니 답만 좀 알려달라고 사근사근 말했다. 내가 정말 중요한 내용이라며 물러서지 않자 그는 진땀이 나는지 모자를 벗고 땀을 닦았다. 머리가 휑했다.

"외국인 노동자라고 독한 약품을 쓰게 했어요?"

내 입에서 큰 소리가 튀어나왔다.

청년이 맞받아쳤다.

"사장님, 사모님, 사장님 아들, 우리 다 같이 일했어요. 똑같이 해요. 다들 나 기다려요."

삶은 머문 곳에 옴짝달싹 못 하게 붙박이기도 하고, 느닷없이 내쳐지기도 한다.

스리랑카행 비행기를 함께 탔던 드네쉬는 여전히 한국에 살고 있다. 딸을 둔 아빠가 되었다. 그가 있는 곳도 내가 있는 곳도 삶의 터전에 계속해서 소소한 재미가 일렁이면 좋겠다.

상냥함에
물들어야 할 나이

겨울 초입에 생긴 일이다. 수선화가 올라오는 한겨울 내
내 마음 한구석에 엉겨 붙어 있었다.

유기농 식품을 주로 파는 마트에서였다. 손님상 차릴 시
간에 쫓겨 해물 코너로 돌진해 생선 손질하는 이에게 외쳤
다. 마스크를 썼기에 생글거리는 눈망울을 키우고 또랑또랑
한 영어로 "저는 대게를 살 거예요"라고 알렸다. 내 차례가
왔을 때 빨리 해주길 바라는 알림이었다. 그런데 말이 끝나
자마자 준엄하고 또박또박 끊기는 영어 한 문장이 마치 칠
판에 분필로 휘갈기는 투로 오른편에서 날아왔다. 마지막
단어엔 어찌나 힘이 실렸던지 음계 '미'에서 '솔'로 당김음이

되어 올라갔다.

"히 이즈 서빙 미—이He is serving me(그는 나를 응대하고 있어요)!"

60대 초반으로 보이는 날렵한 백인 여성이었다. 자신의 주문을 처리하는 중요한 일을 하는 중이니 방해하지 말라는 호통이었을까? 아니면 내 재촉이 그의 노동을 압박한다는 질책이었을까? 내 왼편으로 들어선 30대 라틴계 미국 여성도 질문할 자세를 취하다 몸이 굳었다. 허겁지겁 내 입에서 미안하다는 소리가 나왔다. 미처 인지하지 못했다는 말도 옹색하게 따라붙었다.

초로의 그녀는 내 사과의 여운을 침묵으로 지워냈다. 부풀린 연한 금빛 단발머리에 회색 레깅스 위로 잿빛 캐시미어 피코트를 걸친 그녀는 진열장 넘어 생선을 다루는 직원에게서 눈을 떼지 않았다. 몸의 긴장이 팽팽했다. 나는 찬물 한 바가지를 뒤집어쓴 것 같았다. 내 심호흡은 갈비뼈를 들어 올렸고 만화에서나 봄직한 "흐음"이라는 흥성으로 콧김과 함께 삐져나왔다. 그때 그 여성이 나를 돌아보더니 오페라 프리마돈나처럼 말했다.

"카암 다아운Calm down!"

공기 반 소리 반이었다. '진정해!'라고 온건히 번역해야 할까? 마스크 없이 노출된 그녀의 입매마저 싸늘했다.

　나는 인종차별이라고 정의했다. 왼쪽에 있던 여성이 보인 황당해하는 표정도 내 결론에 힘을 실었다. 내 숨도 그녀의 관리 대상일까? 그래도 된다고 생각했을 것이다. 내 피부색, 무엇보다 내 영어에 배어 있는 이민자 악센트가 그녀의 혐오 반응을 무사통과시켰을 것 같다. 서두른 나에 비해 도덕적 우월감도 느꼈을 테지만, 나는 그 여성의 태도를 캘리포니아 통념에 맞게 인종차별로 규정했다. 그리고 생각했다. 되받아칠까? 새치기하려는 것이 아니었다고 구구절절 늘어놓을까? 영어 단어를 고르다 보니 피곤해졌다. '인종차별'이라는 단어에 모멸감이 회복되기도 했다. 상대방의 무지와 미국의 구조적 문제로 분류하니 오히려 내 인내가 나아 보였다. 나는 사과할 줄 아는 너그러운 사람으로, 상대방은 혐오를 시전하는 무뢰한으로 남기자고 홀로 합의를 보았다. 그리고 그날 밤 맞받아치는 영어 문장을 고르느라 잠 못 이루는 나를 견뎌야 했다.

　한 달 뒤, 인천에서 오사카로 가는 비행기를 탔다. 나를 포함하여 한국인으로 만석이었다. 간사이 공항에 착륙하고 안전벨트 표시등이 꺼지자 복도는 순식간에 승객으로 들어찼다. 앞사람이 나가고 일어나 짐칸에 손을 뻗는데, 누군가가 나를 밀고 지나갔다. 휘청이다 다시 가방을 내리려고 짐칸에 손을 뻗고 있는데 뒤에 있던 이가 나를 넘어가려 했다. 재빨리 고개를 돌려 그이의 눈을 보고 말했다.

"기다리세요."

또박또박한 어조. 뒤에 빽빽이 서 있던, 5도 정도 앞으로 숙인 몸들이 일순간에 곧추섰다. 그 3초의 시간을 내가 점유했다.

공항을 나오며 질문 하나가 스멀거렸다.

'달포 전 백인 여성과 지금의 나는 무엇이 다를까?'

그녀도 반복된 경험이었을 수 있다. 나도 뒷사람이 20대 여성이라 거침없이 말했을까? 그것만은 거부하고 싶었다. 몇 년 전부터 중년 남성의 무례에는 청년 여성에게 빚을 갚는다는 마음으로라도 나이 든 내가 나서야 한다고 작심했으니까. 그럼에도 머뭇거렸던 기억이 떠올랐다. 코로나-19로 미국에서 마스크 착용을 의무화했을 때, 대형 마트에서 마스크를 쓰지 않고 장 보는 젊은 여성이 있었다. 그녀에게 마스크를 써야 한다고 말하려고 다가가는데, 190센티미터가 넘는 백인 중년 남성이 마스크 없이 내 옆을 지나쳤다. 그때

알아차렸다. 내가 안전할 상대를 가려가며 나서려 한다는
것을.

　20대 중반에 학습한 태도가 있다. 상대의 잘못이 분명해
도 그걸 지적하면 더 거친 반응이 돌아온다는 점이다. 특히
나보다 나이가 많을 때는 영락없다. 나는 말을 삼키고 돌아
서는 것을 익혔다. 부드럽게 전하는 방법을 배우려 하지 않
았다. 그런 내가 50대가 되니 거침없어지려 한다.
　생각과 문화가 다를 수 있다는 것을 알면서도 반사적으로
거부감을 표현하는 순간 자칫 혐오의 경계에 들어설 수 있다.
알아차리지 않고 흘려보낸 감정으로 차별주의자에 갇힐 수 있
다. 상냥함에 물들고 싶다. 그럴 나이다.
　오사카에서 교토역으로 이동한 후, 하늘로 가는 계단처럼
놓인 옥외 에스컬레이터를 타고 올라가며 허공에 대고 고개
숙였다.
　"미안합니다."

섞인 사람은
죄인인가

수정 언니는 1967년에 태어났다. 아버지는 군인이었고 어머니는 부대에서 일하며 따로 장사했다. 언니가 어렸을 적엔 베트남전쟁이 한창이라, 언니의 아버지는 어쩌다 한 번씩 집에 다녀갈 뿐이었다. 그 빈자리를 외삼촌들이 채웠다. 서울 영등포에 있는 주택에서 눈이 크고 멋쟁이인 엄마와 참빗으로 곱게 빗어 쪽을 진 외할머니, 다정한 미남자인 대학생 큰외삼촌과 작은외삼촌 그리고 초등학교와 중학교에서 두 번이나 월반해 열일곱 살에 대학생이 된 막내 이모와 함께 살았다. 여기에 언니와 남동생까지 여덟 식구였다.

어느 해 여름, 다섯 살 터울이 진 언니가 학교에 간 아침에 꼬마 수정이는 외할머니의 치맛자락을 잡고 늘어졌다.

"할머니, 깜둥이가 뭐야? 왜 나보고 깜둥이라고 해?"

외할머니는 주저앉았다. 누가 그러냐고 물었다. 수정이는 동네 아줌마, 아저씨 모두 그랬다고 일러줬다. 외할머니는 수정이를 품에 안고 예쁘다며 토닥였다. 두 살 아래 남동생이 장난감 자동차를 밀며 마룻바닥을 달려오는 소리가 빨라지기 시작했다. 그날 오후 골목에서는 한바탕 소란이 일었다.

백일홍 꽃잎이 푸슬푸슬 지던 2022년 9월 무렵이다. 토요일 아침 아이들을 한국학교에 바래다주고 수정 언니와 카페에 갔다. 카푸치노 우유 거품이 부드럽게 느껴지는 적당히 선선한 날이었다. 몇 주 전 나는 '21세기에 한국인은 누구를 지칭할까?'라는 질문을 품고 있다며, 언니의 살아온 이야기를 듣고 싶다고 청했다. 서로 알고 지낸 지 5년이 넘어서야 단둘이 마주 앉았다. 언니 입에서 '깜둥이'란 단어가 나올 줄은 몰랐다. 언니가 말을 이어갔다.

"그때 내가 외할머니와 다르다는 걸 알았지. 외삼촌이나 엄마처럼 보이지 않는다는 것을. 어렸을 때 언니와 남동생,

나 이렇게 셋이 찍은 사진을 봐도 내가 가장 흑인처럼 태어
난 걸 알 수 있어. 그래도 우리 외할머니가 나를 무척 사랑해
줘서 괜찮았지만…. 기가 막히지."

외삼촌들은 밖에 나갈 때면 늘 수정 언니의 언니를 데리
고 나갔다고 한다. 그 언니는 '누구나 걸음을 멈추고 인형 같
다며 눈을 맞추는' 예쁜 아이였다. 머리에 꽂은 리본부터 에
나멜 구두까지 완벽하게 차려입힌, 모두의 사랑을 독차지하
는 아이이기도 했다. 독일과 미국 출장에 이어 곧바로 베트
남으로 파병 나간 군인 아빠가 오랜만에 집에 와 제일 먼저
안고 싶어 한 아이도, 아장거리다 훌쩍 커버린 일곱 살 큰딸
이었다. 하지만 그 딸은 다가오는 아빠의 손을 피했다.

"더러워! 만지지 마!"

그 아이는 어서 가서 손을 씻으라며 뒷걸음쳤다. 피부색
개념을 몰랐기에 아빠의 손에 때가 껴서 까맣다고 여긴 것이
다. 엄마와 이모, 외삼촌, 외할머니를 보며 자란 까닭에 자신
이 흑인이라는 생각을 하지 못했다. 동생인 수정도 그랬다.

수정 언니의 엄마와 아빠는 1962년에 결혼했다. 아빠가

애달아서 매달렸다고 한다. 엄마는 흑인이란 점이 성에 차지 않았지만 반듯한 이목구비에 조용히 말하는 태도가 남달라 보였다고 했다. 동생 셋을 뒷바라지하던 입장이라 성실한 군인의 수입도 든든하게 생각하지 않았을까 싶다.

수정 언니는 어릴 적 엄마가 한숨처럼 토해내던 말을 기억하고 있다.

"두 오라비가 어려서 죽지만 않았어도….."

뒷말은 '내가 중학교에도 가고 이 고생을 하지는 않았을 텐데'였겠지. 외할머니는 부잣집 딸로 태어나 일본에서 대학을 나온 부잣집 아들인 외할아버지와 혼인했기에 돈 벌 생각은 단 한 번도 해본 적이 없었다. 그런데 철석같이 믿던 남편은 술과 도박으로 재산을 탕진했고 세상을 일찍 등져버렸다. 어찌할 줄 모르던 어른이었다. 집안에 돈이 마르는 사이 똑 부러진 외할머니의 큰딸이 세상 물정을 헤아릴 수밖에 없었고, 아버지 역할을 도맡았다. 그 큰딸이 수정 언니 엄마다. 영리한 소녀가 수완을 부릴 일이란 장사뿐이었다. 그것도 밑천 없이 덤빌 수 있는 미제 거래였기에 간을 졸이며 돈을 벌었다. 내가 초등학생이던 1970년대 말에도 집마다 친척 혹은 엄마의 친구 중에 '미제 이모'라 불리던 사람들이 한 명쯤 있었다. 그들은 탱 가루, 초이스 커피, 체다 치즈, 듀바리 로션 등을 가방에 넣고 방문했다. 우리 집엔 '미제 숙모'가 있었다.

수정 언니와 이야기하며 우리 삶이 마치 커피 한 잔을 내리는 것 같다는 생각이 들었다. 내 질문이 수정 언니의 심장을 지나 그녀를 이루는 삼대 속 여러 인생까지 방울방울 추출한 다음 투명한 단지 아래로 떨어져 서사로 고였다. 그러니 우리가 살아가는 시간은 앞선 이들 삶의 여분이기도 하겠다.

수정 언니네는 언니가 여덟 살 때 미국으로 이주했다. 아이들은 서울 용산 미8군에 있는 초등학교에 다니다 미국에 갔지만 어린 수정도, 열세 살 수정의 언니도 영어라곤 한마디도 알아듣지 못했다. 처음엔 하와이로 그다음엔 애리조나주로, 다시 캘리포니아주로 아버지의 전근을 따라 자리를 잡았다.

나와 한국어로 대화할 때 수정 언니는 간간이 '변소' 같은 1960년대나 1970년대에 쓰던 한국말을 사용했다. 언니의 정서를 이루는 8할이 외할머니와의 교감에서 이뤄졌구나 싶었다. 아니나 다를까 언니는 영어를 익힐수록 할머니와 소통하는 데 장막이 끼어드는 것 같아 작정하고 한국어

교본을 독학했단다. 그 말을 하는 언니의 양 볼에 볼우물이 살짝살짝 패이다 사라졌다. 자부심과 그리움이 교차하는 듯했다.

첫 미국 정착지인 하와이에서 담임 선생님은 수정 언니의 아빠를 학교로 불렀다.

"어떻게 크리스털은 다른 애들과 한마디도 하지 않을 수 있죠? 왜 도와주려고 옆에 앉힌 한국 애하고만 종일 말할까요?"

수정 언니는 답답해하며 내게 항변했다.

"왜 그러긴. 내가 완전히 한국사람이니까 그렇지. 한국에서 태어났고 거기서 컸으니 나도 한국사람이라고."

미국인들은 지금도 언니를 향해 "너는 말도 여느 흑인과 다르게 하지만 하는 행동은 더 다르다"라며 의아해한다. 하물며 1970년대인 그때는 오죽했을까. 백인 아이들은 수정에게 "니거nigger(깜둥이)"라고 비아냥거렸고, 흑인 아이들은 "잘난 척한다"라며 아니꼬워했다. 언니의 아버지 쪽 사촌은 "네 머리칼은 우리 할머니와 똑같아. 그런 네가 흑인인 나보다 낫다고 여기나 본데, 아니야"라며 한국사람들 속에 배어

든, 언니도 미처 알아차리지 못한 한국인의 인종 서열 관념을 따져 물었다. 우울이 일렁이던 수정의 소녀 시절이었다.

낯선 미국학교에서 집으로 돌아왔을 때 현관을 열면 외할머니의 환한 표정과 함께 수정의 '한국 집'이 열렸다. 하지만 그리 오래지 않아 집은, 식구들이 밖에서 묻혀온 스트레스와 차별에 눌린 감정이 풀어지며 편치 않은 시간으로 물들었다. 수정은 일요일이면 외할머니, 엄마와 함께 한인 교회에 갔다. 거기는 앞선 두 세계와는 또 다른 부조리가 기다리고 있었다. 갓 부임한 젊은 전도사가 중고생들을 앉혀놓고 다른 나라 사람과 연애하면 하나님을 배반하는 행위라며 엄포를 놓았다.

'나처럼 섞인 사람은 죄인이란 말인가?'

그래도 착한 교인이 되고 싶었다. 비록 고등학교 연극 동아리의 성소수자 친구들이 다들 교회에서 차별받는다며 푸념했지만, 수정은 요동치는 마음의 혼란을 꾹꾹 눌렀다. 그러던 중 엄마의 태도가 부대끼는 수정의 인내에 마지막 지푸라기를 얹고 말았다.

중고물품 장사를 하던 엄마가 인근 대도시로 물건을 떼러 갈 때 함께했을 때다. 필리핀계 성소수자 여성들이 운영하는 가게에서 엄마는 그들을 대놓고 무시하는 눈치를 보였다. 돌아오는 길, 언니는 "하나님은 사랑 그 자체인데 엄마는 왜 그 사람들을 차별하느냐"라며 부르짖었다. 엄마가 당한 차별을 알기에 더 참지 못했던 것이다. 흑인 여성들은 "우리 흑인 청년을 꼬셔갔다"라며 얼굴을 맞대고 힐난했고, 백인들은 흑인과 결혼한 것을 알고부터 징그럽다는 듯이 외면하던 시절이 엄마에게 있었다. 교회가 싫어졌다.

캘리포니아주립대학교 산타바바라 캠퍼스UC Santa Barbara 성악과에 입학한 수정은 종교학 수업부터 신청했다. 인생은 참 묘하다. 그 수업에서 지금의 남편을 만났다. 학생들 학업을 살피는 카운슬러가 수정 언니를 질타했다.

"나도 백인 남자들이 쫓아다녀. 그렇지만 백인과 사귀지는 않아. 역사를 보면 백인 남자들은 흑인 여자들을 강간하고 구타했어. 너는 어떻게 사귈 수 있지?"

그녀는 흑인이다. 그리고 수정 언니의 남자친구(현재 남편)는 백인이다.

수정 언니는 내게 말했다.

"사실 자책하는 마음이 있어. 아버지는 어린 나이에 목화를 따러 나서야 했고, 고등학교를 졸업하기도 전에 학력 인증서만 챙겨 군대에 갈 수밖에 없었어. 미국 정부가 제도적으로 흑인을 가난의 덫에 가뒀기 때문이거든. 지독한 억압이었어. 나는 어떻게 하면 흑인의 삶을 더 나아지게 할 수 있을까 늘 마음에 두고 살아."

수정 언니는 국민의례 시간에 성조기를 보면서 꼭 하는 맹세를 할 수 없었다고 한다. 흑인에게 잘못하는 미국을 향한 내적 갈등에다(언니의 표현이다) 몸 안에 한국인 피가 있어 미국에 충성을 맹세할 수가 없었단다. 언니의 직장에는 이민자가 많은데 그중에 미국이 최고라고 말하는 이들을 보면 의아하다고 했다. 수정 언니는 간호사다. 첫애를 낳고 남아 있는 학자금 대출을 보며 성악을 해선 갚지 못하겠다 싶어, 마흔세 살에 간호학과에 진학했다.

수정 언니와 두어 시간 대화를 나누고 한국학교로 돌아오니 언니의 남편이 딸 장미를 데리러 왔다. 옅은 갈색 머리에 체격이 다부진 백인 아저씨에게서 장미 얼굴이 보였다. 그는 시에라 칼리지에서 역사를 가르친다. 수정 언니가 나를 남편에게 소개했다. 나와 나눈 이야기도 살짝 들려주었다. 남편인 헤스터 교수는 "저는 학생들에게 역사란 뉘앙스라고 말합니다"라며 짧은 소회를 건넸다.

뉘앙스, 무어라 해석해야 할까? 한 사람 한 사람이 느끼는 '시대의 결'일까, 아니면 개인이 뚫고 나온 시간일까? 역사가 뉘앙스라면 내 앞에 있는 사람의 마음과 내 마음도 '역사'를 만들어가고 있는 거겠지. 언니는 "나는 한국사람이야"라며 그 뚜렷한 근거로 유년을 보내온 시간과 외할머니, 어머니, 외삼촌, 이모 그리고 나를 포함한 한국계 친구들을 소환했고 자신의 피부색과 사회적 위치를 직시하며 '나는 흑인이야'라는 답을 도출했다. '나는 미국인이야'란 답은 유보했다. 언뜻 한 인간에게 상황에 따라 다른 준거가 있는 듯 보이겠지만, 그 틀을 지탱하는 바탕엔 그의 견고한 기준이 있다. 차별을 불편해하는 언니의 살아 있는 감각이다. **상대를 이루는 '존재의 성질'을 어디에 하나로 묶지 않으려는 자세. 상대를 고유함 그 자체로 새로이 받아들이는 느린 마음이다.**

역사란 모든 개인이 살아온 시간의 합이다. 오늘을 사는 나와 당신이 그 역사의 뉘앙스를 이루고 있겠지. 고유하게.

아나스타샤는
어디 사람인가

'당신은 어디 사람인가요?'

처음엔 고향을 묻고 싶었다. 그런데 '고향'도 변하는 것 같다. 한국에서 살던 31년 동안 나는 부여를 고향이라고 생각했다. 여섯 살까지 살던 곳이다. 추억이 방울방울 떠오른다. 계백장군 동상으로 뛰어가다 무릎이 깨졌던 오후, 퇴근한 아버지가 마당에서 등목하며 콧구멍을 한껏 부풀리던 여름 저녁, 설거지를 마치고 풍로에 달군 고데기로 내 머리칼을 말아 당기던 엄마의 손아귀 힘, 철컥철컥 부딪치던 쇳소리…. 이제 미국에서 20여 년을 보내고 나니 내 고향은 서울이 되었다. 모든 학창 시절과 20대를 보낸 곳이다. 그리고 내 감정을 파헤칠수록 비집고 자라나는 또 하나의 멤버십이 보인다. 캘리포니아 사람. '사는 곳'이 주는 결속력이랄까? 노래 〈고향의 봄〉이 '나의 태어난 고향은'이 아니라 '나의 살던 고향은'으로 시작하는 이유도, 관계가 사는 곳과 살아온 시간에 뿌리 박히는 힘을 알아차려서인 것 같다.

사는 곳을 국경을 넘어 옮겨본 경험이 없는 이도 아나스타샤의 마음을 한 자락 느끼도록 안내하고파 이리도 길게 주절거렸다.

2023년 1월 18일, 안산시 단원구 선부동에 있는 고려인문화센터에서 아나스타샤를 처음 만났다. 센터장에게 한국에서 청소년기를 보낸 고려인 청년을 만나고 싶다고 했는데, 마침 강당으로 내려오던 아나스타샤를 소개받았다. 우크라이나 피난민 지원을 맡은 그는 앳된 얼굴인데, 스물다섯 살이었다.

장 아나스타샤는 우즈베키스탄에서 태어나 열세 살에 한국에 왔다. 7학년(중학교 1학년)을 마치고 왔으나, 중학교 전학이 막혀 초등학교 6학년으로 들어가야 했다. 그렇게 두 살 아래 아이들과 한국학교 생활을 시작했다. 반 아이들은 아나스타샤의 머리칼을 들추며 싸움을 걸기도 했다. 아나스타샤는 '생김새는 같지만 머리 모양이나 옷차림이 한국 아이들과 달라 동물원 원숭이 보듯 대한다'라고 느꼈다. 선생님도 이름이 너무 길다며 짧게 부르는 방법부터 물었다. 러시아어 애칭인 '나스쨔'를 알려주니 그건 더 안 되겠다며 도리질을 쳤다.

문득 나는, 오래전 시애틀에서 J에게 들었던 말이 생각났다. J도 열세 살에 미국에 이민 왔는데, 자기처럼 어중간하게 커서 온 아이들은 적응하느라 고생을 많이 해 키가 작다며 또래 한국인 친구 여섯 명이 다 160센티미터가 안 된다고 힘주어 말했다. J의 말을 아나스타샤에게 하자 아나스타샤는 맞받아치듯 동의했다. 초등학교 2학년 때 한국에 온 동생은 대학교에 낼 자소서에 어려움을 극복한 예로 한국 적응 과정을 적으려고 암만 돌이켜봐도 급식이 맛있었다는 기억뿐이었다며, 적응하는 고생을 몰라 키도 크다고 덧붙였다. 유전 요인도 따져볼 만하지만 열세 살 소녀의 마음은 볼멘소리가 나올 만큼 분명 힘들었다.

"한국어가 절대 반지예요."

아나스타샤의 이주 서사 핵심 정리다. 아이들은 한국어를 못 알아들으니 앞에서 무슨 말을 해도 된다고 여기는 듯 굴었다. 중학생 시절 베트남, 필리핀 등지에서 전학생이 오기 시작했을 때다. "한국말도 배우지 않고 오냐. 외국인들 귀찮아!"라고 친구들이 투덜댔다. 아나스타샤는 "나도 외국인이야"라고 응대했다. 그러자 "넌 한국말 잘해서 괜찮거든"이라는 답이 돌아왔다.

'예외'라는 이름의 '배제'였다.

이 명제는 여전하다. 관공서에 가도 택시를 타도 한국어를 잘하는 사람에게 더 친절히 대한다. 우크라이나 피난민 지원 업무로 병원과 통화할 일이 많은데 상담사들이 러시아 사투리가 밴 한국어를 하면 꼭 한국사람 바꿔달라고 재촉한다. 그래서 아나스타샤가 수화기를 건네받으면 상대는 금방 밝아진 목소리로 자세히 설명한다. 그렇게 통화를 마치고 마지막에 이름을 소개하면 어김없이 깜짝 놀라는 과정이 반복된다. 상대가 노인이라는 생각이 들면 "젊은 사람 바꿔주세요"라고 했을까?

아나스타샤에게 스스로 외국인이라 생각하느냐고 물었다. 잠시 고요가 찾아들었다. 그리고 마치 기후 위기 해법에 답하듯 생각과 현실을 점검하며 말을 이어갔다.

"서류에는 외국인. 정체성은 완전한 한국인은 아니고 그

렇다고 외국인도 아닌… 고려인이에요. 한국에 산 지 오래
되어 우즈베크인도 아닌…. 솔직히 저희는 우즈베크에서 태
어난 순간부터 그 나라 사람이라고 생각하지 않아요. 네, 그
냥 고려인이에요."

영어로 말하면 코리안Korean이다. 이를 우리말로 번역하
면 한국인.

옛 소련권 국가들은 자신을 '민족'으로 소개한다. 서로가
민족별로 차이가 있음을 알기에, 이는 상대의 행동을 예측
하는 데 주요 정보가 되기 때문이다. 고려인이라고 하면 성
취욕이 강하고 교육 수준이 높으며 기민하다는 예상을 한
다. 아나스타샤의 외할머니는 회계사였고 엄마도 회계학과
를 나왔다. 이모는 화학과를 나왔고, 외삼촌은 정보기술IT
을 전공한 엔지니어다. 아빠는 도시에 온수를 공급하는 기
관의 수석 엔지니어로 대학생 때 소련연방 해체를 맞았다.
민족주의가 득세하기 시작한 시점이었다. 고려인은 관청뿐
아니라 공기업에서도 진급이 막히면서 해외로 빠져나가기
시작했다. 아나스타샤의 아빠와 외삼촌은 한국에서 부품을
조립하고 엄마는 컴퓨터 칩을 검사한다. 고려인이 있는 공
장에는 "앞에는 공학박사, 뒤에는 교수, 옆에는 음악가가 일
한다"라는 농담이 떠돈다. 모두 최저임금을 받는다.

사회적 지위가 하락했을 때 사람은 쉬이 우울감에 빠진다. 특히 자기 생각과 감정, 상태를 현지어로 설명하기 힘든 경우엔 더 그렇다. 입을 열 때마다 상대가 미간을 좁히며 집중해야 소통이 가능하면, 폐 끼치기 싫은 마음과 함께 초라해진 마음이 찾아온다. 집 현관은 심호흡하고 건너가야 하는 일상의 국경이다. 우울은 자책을 낳기에 아나스타샤에게 반복된 학교 폭력을 겪으며 혹여 '내 잘못일까?'라는 생각을 한 적은 없는지 물었다.

"어려서부터 줄곧 1등만 해와서 자신감이 높았어요. 온 세상이 저를 중심으로 돌아가는 줄 알았죠. 한국에 온 순간, 그 질서가 무너졌어요. 능력을 빼앗긴 느낌. 능력을 회복하려 애썼어요. 이미 벌어진 상황에서 이대로 멍하게 살아서는 안 되겠다. 상황은 바뀔 수 있고, 주변 사람도 바뀔 수 있다! 그때 정신적으로 성장한 것 같아요."

이민 가정 아이들은 또래보다 빨리 어른이 된다. 한국어를 모르던 소녀 아나스타샤는 러시아어로 글만 쓰며 보냈다. 사람들이 다양한 만큼 다양한 생각이 있기에 이상한 이름을 가진 아이가 나타났을 때 거리감이 생길 수 있음을 이해하며 2년을 보냈다. 그간 한국말이 들리고 학교에서 들리는 대로 적은 내용이 집에 와 사전을 찾으면 퍼즐처럼 맞춰지는 신기한 시간을 맞았다. 그리고 중학교 3학년 때 반장이 되었다. 급우들이 추천했다. 이상한 이름이 빛을 발한 반전이다. 고등학교 2학년 때는 티T볼 학교 대표선수였고 연극 동아리 활동도 열심히 했는데, '아나스타샤'였기에 더욱 눈에 띄었던 것이다. 고등학교에서도 상장을 받으며 부반장을 했다. 그리고 2019년 3월, 연세대학교 문화인류학과 신입생이 되었다. 지금은 마지막 학기를 보내고 있다.

아나스타샤의 고려인 친구 대다수는 대학에 가지 않았다. 한국어로 공부하기가 어려워 우즈베크로 돌아간 친구들도 있고, 심한 인종차별을 감수하고 우즈베크보다 보수가 나으면서 언어도 통하는 러시아로 간 친구들도 있다. 대부분은 무엇보다 경제적 이유로 대학을 포기했다. 그들은 한국인보다 더 비싼 학비를 내야 하고, 장학금을 받기도 어렵다.

아나스타샤의 연세대학교 진학에 한국인들은 눈이 더 휘둥그레지곤 하는데 속으로 이런 질문을 품을 수 있다. '외국인 전형이라 쉬운 거 아냐?' 그럴 리가. 선생님들은 아나스타샤의 성적과 생활기록부면 외국인 전형이 아니어도 서울 안에 있는 좋은 대학을 골라 갈 수 있다고 말했다. 그가 축적한 봉사 시간만 300시간이다. 고려인센터에서 한국어를 가르쳤고 안산거리극축제에서 진행 자원봉사를 했다. 몇 시에 어디서 무얼 하는지 축제의 비밀들을 알았던 그 시간이 무척 재밌었다며 아나스타샤는 생글거렸다. 휴일이면 한국 청소년 통역 단원으로서 인사동, 명동, 경복궁 등에서 활동했는데 모두 인터넷을 뒤져 찾아갔다. 한국 대학입시는 공부만 잘해서 통과하기 어렵기에 직접 나섰다며, 엄마는 입시에 관해 아직도 모른단다. 2023년, 남동생도 고려대학교 공과대학에 입학했다.

뉴욕에 사는 내 친구 그레이스 심에게도 아나스타샤 남매와 똑같은 스토리가 있다. 그의 언니는 열한 살에, 그레이스는 아홉 살에 서울에서 미국으로 왔다. 학교 수업을 마친 뒤 그들은 부모님이 운영하는 세탁소에서 숙제하며 손님을 상대했다. 스스로 대학 입학원서를 쓰고, 정부의 복잡한 재정 지원 서류까지 작성했다. 다만 다른 점이 있다면 그레이스 자매가 캘리포니아주립대학교 버클리 캠퍼스UC Berkeley를 졸업할 때 진 학자금 대출 빚이 한화로 약 400만 원뿐이라는 것이다. 총 수업료가 약 8천만 원일 때였고 외국인 신분이었지만, 미국 정부에서 저소득 가정 학자금 지원을 받았다. 아나스타샤는 지금껏 학자금 3천 200만 원을 스스로 벌어 공부해왔다.

아나스타샤가 문화인류학과에 관심을 갖게 된 계기는 고등학교 2학년 때 중국어 중점반 수업을 들으면서였다. 중국 문화가 한국 문화보다 우즈베크 문화와 더 접점이 있다는 걸 발견한 이후다. 문화를 비교할 수 있는 안목이 자신의 경험에서 싹텄다는 것을 알았다. 특히 강의 소개 목록에 있는 '한국 문화 낯설게 보기' 수업은 '내가 제일 잘할 수 있는 것'이라는 자신감을 심어줬다. 그럼에도 대학은 또 다른 차원이라고 말한다.

"자신감을 안고 들어왔는데 우리 과에는 훨씬 더 다양한 사람들이 여러 다른 나라에서 와서 문화도 다르고 가치관도 다르고 성소수자들도 있고…. 더 큰 세상으로 나온 거죠."

문화인류학도 아나스타샤에게 앞으로의 계획을 물었다. 순간 플러그 뽑힌 풍선 광고판처럼 풀이 죽었다. 공부는 경제적 문제로 계속할 수 없고, 취업은 이중언어 실력에 기댈 수 있겠지만 통역만 하다 보면 의욕을 잃을 것 같아 고민이라고 한다. 500만 원 넘는 남동생의 등록금도 부담이다. 1년 휴학을 하며 모은 월급을 부모님께 다 드렸다.

20대의 삶, 뚜렷한 계획이나 꿈을 갖는 청년이 드문 시절이다(고등학교 때부터 중국어 선생님이 되겠다며 한국외국어대학교 중국어과에 간 아나스타샤의 한국인 친구는,

2023년 임용고시에서 전국적으로 중국어 교사 0명을 뽑는다는 공고에 좌절했다). 아나스타샤는 고려인이라서가 아니라 대한민국 청년이라서 꿈이 없다며 헤실헤실 웃었다. 친구들은 그에게 말한다. "그래도 너는 연세대잖아." "너는 러시아어라도 잘하지."

나는 아나스타샤에게 물었다.

"터널을 걸어가는 청년들에게 우리 사회가 무얼 해주면 좋을까요?"

아나스타샤가 말했다.

"등록금이 싸져야 하지 않을까요?"

동포 비자가 있어도 아나스타샤는 국가장학금을 받을 수 없다. 미국의 경우 최근 취업 비자 자녀뿐 아니라 서류 미비자 자녀에게까지 학비 보조 혜택을 확대해 가계 소득에 따라 지원하는 주가 늘었다. 나는 이것이 인권 의식이라기보다 가성비 높은 우수 노동자원 확보책이라고 생각한다. 아나스타샤의 한국인 동급생 대다수도 국가장학금 혜택에서 제외된다. 부모에게 집과 차가 있으면 연간 1천만 원인 학비를 전액 납부해야 한다. 현실은 학자금 대출이다. 그래서 보통의 대학생은 평균 학력을 유지하기 위해 빚을 지고 사회로 들어간다. 그들은 기업과 사회가 활용할 생산 인력이다.

특히 코로나-19 이후, 기업들은 사회 경험을 주요하게 평가하고 있는데, 그 기준에 맞추려면 몇 달씩 인턴 스펙을 쌓아야 한다. 대부분 무보수인 자리다. 누군가 경제적 뒷받침을 해줘야 닿을 수 있다. 그러하니 청년들의 우울감은 깊어질 수밖에.

아나스타샤는 한국에서 계속 살고 싶다고 밝혔다. 한국 영주권을 받으려면 연 수입 7천만 원이 넘어야 하고, 한국 국적을 취득하려면 6천만 원 이상의 금융재산과 공시지가 6천만 원 이상의 부동산을 소유해야 한다.

나는 아나스타샤에게 몇 퍼센트 한국인인지 가늠해달라고 제안했다.

미국에서 태어났지만 한국어를 잘하고 한국을 사랑하는 열여섯 살 된 내 딸은 한국과 미국 이중국적자로 60퍼센트는 한국인, 40퍼센트는 미국인이라고 자신을 나눴다. 아나스타샤는 80퍼센트는 한국인, 15퍼센트는 고려인, 5퍼센트는 우즈베크인이라고 셈했다. 어린 시절 추억이 5퍼센트를 붙잡고 있지만, 해외에 나갈 여비가 생겨도 우즈베크에는 가지 않을 것 같다고 했다. 지금은 한국어가 그녀의 모국어다. 자, 아나스타샤는 어디 사람일까?

정체성은
흐른다

오래된 악기점답게 벽면 가득 악보가 꽂혀 있었다. 딸과
내 눈은 길을 잃었다. 그때 에밀리가 다가왔다. 어떤 악보
를 찾느냐고 물었다. 양 볼을 따라 허리춤까지 흐르는 그의
금발 사이로 가뭇한 코밑이 보였다. 나는 그가 트랜스젠더
란 걸 알아챈 눈빛을 들키지 않고자, 내 딸 이름도 에밀리라
고 소개하며 5학년 핼러윈 파티에서 연주할 〈천공의 성 라
퓨타〉 주제곡을 찾는다고 답했다. 금발의 에밀리는 딸을 보
며 멜로디를 읊조렸다. 아뿔싸! 메조소프라노였던 목소리가
가락을 타고 바리톤으로 낙하했다. 딸은 맞다고 엄지를 추
켜올렸고, 금발의 에밀리는 지금 매장에 없다며 구해서 연
락하겠다고 새끼손가락을 들었다. 가게를 나오며 딸이 내게

한국어로 말했다.

"노래할 때 언니 목소리가 이상해."

트랜스젠더에 관해 알지 못하는 딸에게 설명한다고 이질감이 사라질까? 나는 "음역이 낮아서 그래"라고 지나쳤다. 오래전 일이다.

여울과 인터뷰하기로 한 날이었다. 먼저 생각을 가다듬었다. 엉겁결에라도 여울을 불편하게 해선 안 된다는 조심스러운 마음이었는데, 이런 내가 오히려 여울이 부담스러워할 일을 만들 것도 같았다. 여울의 엄마는 내 친구다. 나는 야생화 같던 사진 속 여울의 고등학생 모습과 소매 없는 흰 블라우스가 눈부시게 아름다웠던 미대생 시절도 기억한다. 여울이 남성의 몸으로 전환한 2020년 가을에는 그 큰 수술을 앞두고 내 마음도 졸였다. 여울에 관한 상념을 제치고 오래전 악기점에서의 일이 뚜렷이 다가왔다. 열 살 딸은 금발의 에밀리에게 '언니'라고 호응했는데 나는 아직껏 '이상해'라고만 기억하고 있다니…. 그때 나는 딸의 진의를 알아듣지 못했다.

오후 3시 30분, 3시간의 시차를 건너뛰고 뉴욕에서 모니터로 등장한 여울은 그대로였다. 스무 살 언저리에 머금고

있던 풀꽃 같은 싱그러움이 스물아홉 살 청년으로 성장하며
바위산에 뿌리내린 소나무처럼 청청해졌을 뿐이다.

> **여울** 최근 3년 동안 저를 좀 더 믿고, 원하는 삶이 무엇인지
> 확고하게 찾는 과정에 있었던 것 같아요. 대학에 들어
> 가면서부터 10년을 몰아치듯 일했는데, 지금은 생활
> 할 수 있을 정도로만 일하고 가치 있게 여기는 활동으
> 로 채워가요.

여울은 10년 정도 한국사람이라는 것조차 인지하지 못하
고 살아왔다고 했다. 어차피 미국이란 나라는 차별 위에 지
어진 사회이기에 자신에게 다가오는 차별을 이해하는 데 세
밀하게 집중하지 않았다고 한다. 그러다 5년 전 우연히 가게
된 콘퍼런스에서 삶의 궤도를 틀었다. 뉴욕의 한국계 퀴어,
트랜스젠더 모임에서 연 행사였다. '나랑 결이 맞는 한국사
람들이 있네!' 여울이 이중의 소수자 정체성을 새롭게 인식
한 날이다.

> **여울** 중성적이라는 말을 들으며 자랐고, 뉴욕 한복판에 있
> 는 미술학교에 다니다 보니 퀴어라는 정체성이 평범
> 했어요. 나랑 비슷하고 다들 보통 사람이구나. 가족과

매일 전화하는 애착유형이 아니기에 숨기진 않았어도 굳이 말하지 않는 부분이 있었죠. 성 정체성도 그중 하나였어요.

내가 미국에 와서 사귄 퀴어 친구들은 다들 대여섯 살 때부터 성 정체성을 인지했다고 했다. 나는 그들이 살아온 세상에는 퀴어 개념이 존재하고 있음을 발견했다. 내가 살던 한국 사회는 이를 공식적으로 인식하려 하지 않았다.

> **여울** 어휘가 존재하지 않아서도 부모님과 소통하기가 어려웠어요. 젠더 이론을 배우며 영어 어휘는 늘었는데 이를 한국어로 통역할 수 없었으니까요. '나를 어렸을 때부터 봐온 분들이니 설명하지 않아도 이미 아시겠지' 생각했죠.
>
> **나** 놀라시는 것에 놀랐나요?
>
> **여울** 많이 놀라고 약간 어이가 없었어요.

여울의 부모는 1980년대 학번으로 한국 사회에서 진보에 속한다. 여울은 한국에서 중학교까지 다녔다. 성적이 좋다는 이유로 미움받는 경쟁 관계뿐 아니라 빈틈없이 짜인 학교 규칙까지 더는 버틸 수 없어서 고등학교 진학을 포기했다.

미국 이민 길에 올랐다. 교복도 싫었다며 덧붙였다.

"불편한 옷이죠."

그제야 청소년들이 정장을 입고 공부하는 현실이 보였다. 젠더를 통제하고 있다는 것도. 여울은 치마를 입어야만 했구나.

여울은 뉴욕 한복판에서 살고 있다. 뉴요커다. 그리고 그의 일상은 전원적이다. 그의 회색 타운하우스 앞 자투리 공간에는 온갖 식물이 빼곡히 자리 잡은 화분이 놓여 있다. 원래는 쓰레기통이 덩그러니 차지할 위치지만, 보도 옆 여울의 콘크리트 바닥 위에서는 콩, 고추, 상추, 깻잎, 오이, 호박, 가지, 블루베리 등이 자라고 있다. 태양이 빌딩 숲을 비집고 빛과 온기를 쏟아부을 즈음, 침대를 빠져나온 여울은 1층으로 내려가 완두콩을 따고 상추를 뜯어 아침을 차린다. 딸기가 붉게 살이 오를라치면 청설모가 채가기 전에 이웃과 나누고, 깻잎장아찌를 만들어 친구들에게 선물한다. 자전거 페달을 밟으며 7, 8분이면 찾아가는 친구 집에는 양파 같은 줄기채소에 샐러드거리가 자라고 있다. 함께 요리해서 뉴욕 이곳저곳에 사는 친구들을 불러 밥을 먹는다. 반복하는 그들의 일상이다. 석양을 보며 이야기를 나누는 친구들을 일러 여울은 자신의 뉴욕 공동체라고 부른다. 공감 경험을 따로 또 같이하는 사람들. 땅과 식물과 연결되는 고리를 만들어가는 뉴요커들이다.

> **나** 젠더 관련된 차별을 일상에서 느껴요?
>
> **여울** 최대한 그런 경험을 하지 않는 삶을 짜죠. 제가 어울리고 싶어 하는 사람들이 있을 법한 모임이나 공연, 공간만 찾아서 가요. 병원도 의사가 트랜스젠더 환자를 자주 보는 사람인지 아니면 내게 트라우마를 줄 사람인지 확인합니다.

내 안전지대를 구축하려면 먼저 '나'에 관한 정보를 알아야 한다. 그가 자신과 보낸 시간이 많았음을 느꼈다. 그리고 두려움의 결은 서 있는 자리에 따라 달라진다. 어느 겨울에 서울 용산에서 만난 트랜스젠더 S는 말레이시아 여성으로 난민 심사를 기다리고 있었다. 중년인 S는 어머니가 소아청소년과 의사이고 외숙모가 산부인과 의사여서 열세 살부터 호르몬 주사를 맞을 수 있었지만, 아버지와 남자 형제들은 그의 이와 뼈를 부러뜨리고 실신시키기를 반복했다. 그가 말레이시아를 탈출한 이유다. S는 한국을 좋아한다. 무슬림 법정인 샤리아법이 없어서일 뿐 아니라 CCTV가 많아 안전함을 느낀다고 했다. 나는 CCTV가 감시 사회로 이끄는 것 같아 우려스러운데, S의 트라우마는 더 많은 CCTV를 원한다.

나 힘든 적 있어요?

여울 매일 힘들죠. 저는 죽음을 많이 생각하는 사람이더라고요. 어제도 산책하다 '오늘은 실존적 위기가 있을 것 같아'라는 기분이 들었어요. 그렇다고 위기 상황은 아니에요. 보통이에요. 거의 모든 날에 약간 슬픈 구석이 있고, 존재를 향한 질문이 생겨요.

나는 3년 전까지 내 발목을 잡고 있던 불안장애를 말했다. 내 알량한 방법이라도 알려줘 여울의 하루를 일으키고 싶었다.

"동물은 다쳤을 때 가장 안전한 곳을 찾아가 잔대요. 나도 불면이 두려웠지만 용기 내서 잠자리에 들었어요. 그리고 매일 강가를 걸었어요. 동물이 다니는 길까지 구석구석 들어가니 뱀, 코요테, 사슴 무리가 수시로 나오더라고. 그래도 목구멍을 조이던 호흡이 가슴께로 내려갔어요. 뱃속에서 눈물이 찰랑거리는 것 같아 몸에 청승 주머니가 있다고 생각했는데, 그 우울이 삶의 질문들로 끌고 가니 쓸모 있다 위로했고요. 정작 위기다 싶을 때는 방석 놓고 앉았어요. 숨에 집중하고 생각을 지우다 보면 뭔가가 불쑥 올라오는 찰나가 있더라고. 눈물도 터지고. 그 눈물이 숨을 틔웠어요."

여울 눈물을 흘렸을 때 뭔가 풀리는 게 있죠. 사실은 눈물 흘리기 직전에 일어나는 것 같아요.

맞다. 출구를 찾은 불안한 사고가 그 해소 증거로 눈물을 남긴다. 여울도 다 해봤구나.

여울에게 정체성의 실체를 물었다. 나는 정체성을 분류하는 기준은 무한히 증식할 수 있기에 세상에 고유한 개인 80억 명이 있다고 내 결론부터 말했다. 여울은 그럼에도 경험을 기반으로 만들어진 정체성은 있다고 맞받았다. 나는 소속감belonging은 사회적 존재인 인간이 본능적으로 갈구하는 강렬한 감정이니 이와 차이가 있는 정체성identity을 구분해보자고 제안했다.

여울 사실 정체성은 협소한 개념이라고 생각해요. 좀 더 인공적이라고요. 소속감은 내가 어떤 전체의 한 부분이라는 느낌이잖아요. 예를 들어 퀴어를 정체성이라고 생각하면 '나는 이거고, 너는 저거야' 이렇게 되는데 솔직히 저는 그런 이유로 분류에 관심이 없어요. 어렸을 때 퀴어라는 단어를 알았어도 스스로 지칭하지 않던 기간이 있어요. '나는 너랑 달라'라고 구분 짓고 싶지 않았거든요. 그러다 무언가의 한 부분이 되고 싶어서 '나는 이런 친구들과 마음이 맞아. 우리는 같은 경험을 공유해. 우리는 공동체야' 하는 식으로 이해하며 '아, 나는 퀴어고 이민자고 어쩌고저쩌고다'를 받아들이게 됐죠.

여울은 퀴어라는 정체성이 '자신이 사는 삶의 방식'을 형용하는 표현이라고 했다. 명사라기보다는 동사에 가깝다고. 여울이 만들어가는 관계가 퀴어의 삶을 그려내는 설명이고 진행형이다. 그러니 영향받고 영향을 미치는 그 시간 속 무한한 범위를 담아낼 수밖에.

나 퀴어로서의 삶에서 '삶은 뭐다'라고 동사를 하나 뽑는다면요?

여울 릴레이트relate(관계 맺다) 같아요. 나 자신이 세상과 어떻게 연결되느냐에 관한 것이죠. 미국 선주민들은 자신의 대륙을 '거북섬'이라고 부르잖아요. 초기 이주민들이 폭력적으로 정착한 과정이 지난 뒤 저희가 이곳에 왔죠. 거북섬 선주민들은 관계relation 개념을 중요하게 여겼어요. 미국과 유럽 중심의 현대 사회에서는 이를 '나는 누구다. 나는 무엇이다'라는 관점으로 이해하지만, 오래전 이 땅에서 태동한 생각에서는 '나는 누구고 내 친척들은 누구며, 나는 이 세상에 어떻게 연결돼 있고, 이 연결고리들을 통틀어 볼 때 중심에 있는 존재가 나다'라고 말했어요. 그때 중요한 것은 중심 개념이 아니라 '나'라는 존재는 이런 연결들의 합이라는 것이죠.

내게 익숙한, 틱낫한 스님이 전파한 단어 인터빙inter-being의 변주를 여울과의 대화에서 마주해 반가웠다. 영어로 휴먼빙human being이라 일컫는 인간이 실은 상호의존적으로 존재하고 있음을 설파하는 영어 신조어다. 서로 안에 얽혀 존재하는 인간, 인터빙. 생명의 순환을 통찰하는 오래된 시선들이 서로 맞닿아 있음을 새삼 알았다. 나는 여울에게 마지막 질문을 했다.

"그럼, 이 연결의 합으로서 젠더란 무얼까요?"

여울 사람들은 젠더를 '정해져 있는 카테고리'라고 생각하지만 실은 유연한 개념이잖아요. 여성과 남성이 정확하게 주어져 있지 않고, 어떤 사람이냐에 따라 어떤 문화와 어떤 시대냐에 따라 젠더를 규정하는 의미가 달라요. 이런 흐물흐물한 개념들 사이에서 자신에게 닿는 젠더가 무엇일까 살피며 대강 어울리는 단어로 논바이너리non-binary(엄격하게 여자와 남자로 구분하지 않는), 트랜스페미닌transfeminine(지정 성별은 남성이지만 여성성이 더 크다고 인식하는) 등으로 정의하지만 다 지어낸 것이죠."

나   젠더도 명사가 아니로군요. 전체 흐름 속에서 유동하는 분류!

얼마 전 이름이 특이한 한 여성을 보았다. 실비아 데이비드 베이커. 성이 베이커고 이름은 전형적인 여성 이름 실비아인데, 중간 이름으로 전형적인 남성 이름인 데이비드가 들어가 있다. 부모님이 지었다고 했다. 그의 부모는 여섯 남매 모두에게 딸은 중간 이름으로 남자 이름을, 아들은 여자 이름을 넣었단다. 아이가 태어났을 때는 자신의 성 정체성을 어떻게 인지할지 알 수 없기에 미리 선택의 기회를 열어놓았다고 한다. '성性'이란 당사자의 표현이라는 게 그 이유였다.

여울을 만나기로 한 날 아침, 나는 공책에 '정체성은 흐른다. 명사가 아니다'라고 썼다. 그날 오후, 아침에 쓴 문장의 앞뒤에 있을 법한 이야기를 여울에게 들었을 때 신비로웠다. 서로 미처 모르던 마음인데 별처럼 존재하고 있었다. 점과 점으로 연결된 관계로 말이다. 세상 모든 사람도 그렇게 각기 서 있는 곳에서 점으로 연결되어 있지 않을까?

사장님과
인간 기계

"사장도 사장님, 사장 여동생도 사장님, 그 여동생의 남편도 사장님, 사장의 아버지도 사장님. 한국사람은 다 사장이야."

4년 차 이주노동자 형님이 노래하듯 말하는데 8년 차 형님이 화음 쌓듯 끼어들었다.

"우리 회사는 운전사도 사장님이야."

"맞아. 일하는 사람은 우리 외국인 네 명뿐이지."

영화감독 로빈 쉬엑이 오래전 이주민방송MWTV 영상아카데미를 수료하며 만든 다큐멘터리 〈형들의 이야기〉에 나오는 장면이다. 질문자가 같은 나라에서 온 동생뻘 이주노동자여서 속내를 내비쳤다.

두 달 전, 이주노동자노동조합 섹 알 마문 수석부위원장과 인터뷰할 때 옳다구나 하고 이주노동자들이 한결같이 '사장님'이란 호칭을 쓰는 이유를 물었다. 내가 마주한 이들뿐 아니라 각종 매체에서도 이들은 화가 났을 때조차 사용주를 '사장님'이라고 불렀다. 인이 박인 압박이었을까? 내 기억에 한국인은 예전부터 사장님 소리를 좋아했다. 1990년대 초까지 다방에서 "사장님, 전화 받으세요"라고 소리치면 손님들이 우르르 일어나곤 했는데, 이를 물리친 초유의 호출이 "삐삐치신 분"이었다. 섹 알 마문은 이주민을 주제로 여러 다큐멘터리와 극영화를 만들어왔기에 답을 주리라 여겼다. 그는 내게 로빈 쉬엑의 다큐멘터리 링크를 보내줬고, 내 상상을 훌훌 날리는 말을 했다.

"다 사장님이니까요. 제가 이주노동자로 일을 시작한 25년 전과 달리 지금은 한국 노동자들 사이에서도 이주노동자를 동료로 보는 시선이 사라지고 있어요. 제일 밑바닥에 있으니까요. 1990년대에는 제가 어쩔 수 없이 미등록 상태일 때조차도 공장에서 한 공정을 관리하는 책임을 맡았습니다. 이제는 이주노동자들만 구조적으로 분리되었어요. 일하는 기계라는 생각이 만연하고 있습니다."

고용허가제를 기반으로 한국에 온 이주노동자들은 모두 노동집약적인 작업장에서 일한다. 그 공간에서 너나없이 같은 일을 하면서도 이주노동자가 자신만 일하는 사람이라고 생각하는 이유는 무엇일까? 모든 한국인이 지시를 내리는 윗사람이기 때문이다. 호통칠 수 있는 사람 말이다. 그리고 그 윗사람들은 이주노동자를 동등한 인간이 아니라 그냥 '외국인'으로 취급한다. **어느새 외국인은 '관리 대상자'를 지칭하는 명사가 된 것 같다.**

캄보디아, 우즈베키스탄 등 아시아 16개국 청년들이 1년 넘게 한국어능력시험을 준비해 비전문취업비자(E-9)를 받아 한국에 온다. 이 비자를 받으려 2년, 3년씩 준비한 이들도 수두룩하다. 그렇게 3년 동안 체류할 일터에 당도한다. 비전문취업비자는 1년 10개월 연장할 수 있고, 사업주가 인정하면 재계약해 최장 9년 8개월까지 체류가 가능하다. 이들의 노동은 매일 제자리로 돌아오는 시시포스 노동이다. 한 직장에서 4년 10개월 일하고 재계약해도 그 시간은 경력과 돈으로 환산되지 않는다. 임금인상은 그해 최저임금이 오르는 만큼만이다. 한국인이면 입사한 지 3개월만 지나도 팀원이 없을지언정 팀장으로 불리는 게 K-직장문화다. 반면 이주노동자는 끝까지 외국인, 즉 일하는 사람이다. **국적과 비자는 대기업에서 정직원과 계약직을 가르는 출입증 색처럼 초라함을 강요하는 바코드가 되었다.**

이름도 이를 부르는 한국인의 편리와 기분에 따라 정해진다. 꼬빌은 까빌이 되고, 사무엘은 무엘, 안드레는 드레로 친근과 하대를 줄타기하며 불린다. 우리는 세계 어디를 가든 중요한 사람의 이름은 제대로 불리는 것을 경험한다. 내 영어 이름도 꽤 오랫동안 히컹 아안이었다.

시물의 '사장님'은 그가 여주에 온 첫해부터 시물에게 "재계약하고 10년 채우자"라는 말을 뜨끈한 소머리국밥 먹고 단전에서부터 올리던 감탄사처럼 해왔다. 시물은 성심을 다했다. 하지만 재계약은 없었다. 이유는 일요일에 숙소에 있지 않고 예술을 하러 나가서였다. 시물은 섹 알 마문의 동료 창작자이자 배우였다. 텔레비전 드라마에 캐스팅되어 지역 신문에도 나왔다. 사장은 연기 활동이 어떻게든 월요일 근무에 지장을 줬을 거라며, 노동하라고 데려왔으니 노동만 해야 했다고 심판을 했다. 시물의 일요일도 사장님 소유였던 것이다.

사용주는 비자의 허용 범위를 정하는 법무부 권한뿐 아니라 몸 상태를 판단하는 의사 권한까지 넘나든다. 고용허가제 아래서는 사용주 동의를 받아야만 이주노동자가 사업장을 변경할 수 있다. 규정상 사용주가 임금 체납, 폭행, 성폭력, 계약 위반을 범할 경우를 예외로 정해두었지만 이 또한 피해자인 이주노동자가 증명해야 한다.

섹 알 마문이 다큐멘터리 〈노웨이 아웃〉에서 추적한 네

팔 노동자 만 바하르 붓다는 히말라야 산골 마을에서 살다
가 가스보일러를 돌리는 비닐하우스 농사로 투입되자마자
고통을 호소했다. 만년설이 있는 서늘한 고산기후에 단련된
몸은 폐쇄된 후덥지근한 공간에 도저히 적응하지 못했다.
가스보일러에 종일 노출되는 환경도 도시 생활 경험이 없었
기에 부적응 반응을 격하게 유발하지 않았을까 싶다. 사업
주는 사업장 변경을 막았고 그는 우울증에 빠졌다. 작업장
에서 목을 매는 자살을 시도했다. 정신적으로 위기라는 의
사의 진단이 나온 후였다. 사업주는 의사의 소견마저 묵살
했다. 그에게 마음대로 하라고 했다. 미등록(불법체류)을 선
택하라는 의미다. 이 경우 많은 이주노동자가 체불임금을
포기하고 사업주에게 2백만 원 내외의 이전 비용을 낸 다음
새 일터로 간다. 당연히 고용노동복지센터를 찾아가고 공무
원이 개입해야 하지만 이들이 학습한 방법은 살기 위한 빠
른 체념이다.

사업주도 억울함을 호소한다. 이전에 몇 번 동의했더니 고
용노동부로부터 벌점을 받아 이주노동자 배당 인원이 반으
로 줄었다는 것이다. 새 노동자를 배정받는 시간도 수개월씩
길어져 수확 때를 놓쳤다고 원망했다. 한 농장주는 상습적으
로 술주정을 부리며 동료를 괴롭히는 한국인 노동자를 해고
하지 못하고 있다. 한국인을 해고하면 1년 동안 이주노동자

를 받을 수 없기 때문이다. 고용허가제는 내국인이 기피하는 업종을 지탱하기 위한 것이다. 여기에 내국인 일자리 보장을 끼워 넣은 것은 2000년대 들어 번진 '이주노동자가 한국 청년 일자리를 뺏는다'라는 혐오를 반영한 것일까?

이주노동자가 없으면 대한민국은 일상이 멈춘다. 채소, 닭, 돼지, 오리, 말, 물고기 등은 모두 이주노동자가 키운다. 아파트도 지하터널도 이주노동자가 짓는다. 쇠붙이나 플라스틱 등 사람 손이 닿아야 하는 현장에서는 그들의 손이 움직이고 있다. 사용주와 노동자 모두 대중의 꽁무니를 쫓는 행정과 정치가 시대를 거스른다고 지적한다. 행정은 결코 이주노동자와 같이 살지 않을 테니 걱정 말라는 듯 손사래 치고 있다.

요즘 이주노동자들은 MZ세대다. 나라마다 차이는 있지만, 실시간으로 연결되는 커뮤니티가 있어 초임자도 그동안 누적된 사용주의 갑질 빅데이터가 포화 상태인만큼 이를 피할 경우의 수를 염두에 두고 사용주와 밀당한다. 그 결과 사용주가 피해를 보는 일도 생긴다. 사업장에 출근하는 날까지 계약서 서명을 늦추며 사용주의 애를 태우다 결국 서명하지 않고 사라지는 이주노동자도 있다. 사용주는 인력 공백으로 안달하는 상황에서 벌점까지 받는다. 벌점의 결과는 당분간 이주노동자를 고용할 수 없는 고용 기회 박탈이다. 이러한 날벼락 역시 고용노동부가 사업주 단속과 교육을 방기한 결과라고 사용주들은 원망한다. 사업장 변경에 따른 사용주 벌점만이라도 제거하자. 그래도 당장 노동자가 나가면 사용주는 난감한 인력 부족을 겪는다. 이주노동자는 사업장을 변경하면 재계약이 무산되어 출국해야 하는 현실이다. 일터를 세 번 이상 옮길 수도 없다.

나는 전라남도에 있는 한 양돈장에서 유니콘을 보았다. 여기에는 회사에 간부 직함이 몇 개 없다. 사장을 포함한 직원이 스무 명이고 그중 이주노동자가 일곱 명인데, 각자 정해진 업무를 책임지는 수평적 관계다. 자동화 설비 중심으로 운영하는 양돈장이라는 특수성 때문인지 몰라도 한국인 아래 이주노동자가 있는 구조는 아니다. 모든 직원의 기본급은 매년 같은 비율로 오른다. 정 사장에게 이주노동자의 숙식이 어떻게 이뤄지는지 물었다. 작물 농장의 경우 밭 옆에 비닐하우스를 지어놓고 냉난방은커녕 양동이에 젓가락 같은 쇠막대로 전류를 흘려 물을 데워 쓰게 하면서도 한 달 방세 17만 원을 떼고 월급을 주는 곳도 있고, 상시 주거시설로 인정받도록 민가에 있는 폐가에 재우면서 전기세와 통신비 등을 더해 1인당 50만 원씩 받는 사용주도 있으니 마음

편하게 말해달라고 했다. 그는 되레 "거짓말하지 말라"라며 나를 의심했다. 정 사장은 정말이지 세상 물정을 모르는 사용주였다.

정 사장네 직원기숙사는 태양광 패널에 냉난방을 갖춘 신축 전원주택이다. 이곳에는 방 여덟 개, 욕실 두 개에 거실과 주방이 있다. 1인 1실에 전기, 수도, 인터넷, 공용 물품, 쌀, 고기를 제공한다(정 사장은 양돈장이라 고기 제공은 당연하다고 했다). 2년 전부터는 이주노동자들이 직접 점심을 해 먹겠다 요구해 농장 옆에 전용 식당을 지었고, 개개인에게 월 식비 35만 원을 지급하고 있다.

기숙사 거실 통창 밖으로는 길쭉한 화분이 줄 맞춰 놓여 있다. 그곳에서 베트남 고추가 익어가고 고수가 너울거린다. 내가 모범 사례라고 하자 정 사장은 한숨을 내쉬었다. 표준을 준수하느라 애썼는데 최고가 된 역설적 허탈감이라고 해야 할까?

흔히 '일만 하자'라는 말을 많이 한다. 피곤하니까. 그럼에도 눈 뜨고 보내는 하루의 반이 그 일하는 시간이다. 당신이 있는 공간은 괜찮은가? 일하는 당신이 안녕하기를.

카레가 된
커리

그는 서른세 살이고 9년 차 직장인이다. 결혼하고 싶어 한다. 4년 전부터 장가들 준비를 착실히 해왔다. 그런 그에게 봄이 찾아왔다. 여자친구가 생겼다. 직장 동료들이 여자친구를 한번 보여달라고 졸라댔다. 그가 책임자로 성장하길 바라는 회사 대표도 살짝 조바심을 냈다. 드디어 모두가 그의 여자친구를 만났다. 다 함께 입을 모았다.

"착하다! 곱다!"

이제는 어서 장가들라고 등을 떠민다. 그런데 회사 대표의 마음 한편에는 불안감이 일었다.

'서울로 가겠다 하면 어떡하지.'

그의 이름은 하안 빈이다. 한글로는 정확히 표기하기가 어렵다. 베트남 북부에 있는 박닌에서 자랐고 스물네 살에 순천에 왔다. 박닌성은 유서 깊은 곳으로 전통 노래가 세계문화유산에 등재될 만큼 문화가 풍성한데, 빈은 내게 그곳을 삼성전자 공장이 많이 있는 곳으로 설명했다. 어린 시절 그의 일상에 스며든 한국의 산업단지 여파가 꽤 컸나 보다. 그때부터 빈은 한국에 가겠다는 마음을 먹었다. 성인이 된 그는 1년 넘게 준비해 고용허가제 기준에 통과한 뒤 비전문취업비자(E-9)를 받아 식품공장 노동자로 들어왔다. 그리고 4년 10개월 뒤 '성실 근로자'가 되었다. 이는 고용주가 한 직장에서 성실히 일한 노동자와 재계약하며 정부에 요청해서 받는 분류인데, 일단 출국하지만 3개월 뒤 한국어능력시험을 다시 보지 않고 재입국해 4년 10개월을 더 일할 수 있다. 서럽게도 성실 근로자 제도는 이주노동자에게 폭언과 부당행위를 감내하도록 하는 당근으로 쓰이기도 한다. 개중에는 20대 중반을 넘으면 힘을 잘 쓰지 못할 거라며 초반에 입버릇처럼 하던 재계약 맹세를 저버리는 사용주도 있다.

빈은 한국에 다시 올 때 비자를 바꾸겠다고 결심했다. 비전문취업비자로는 결혼해도 가족과 살 수 없기 때문이다. 빈은 올해 숙련기능인력비자(E-7-4)를 받았다. 체류한 지 4년이 넘고, 10년 안에 신청할 수 있는 점수제 비자다. 여러 분야 점수를 매겨 고득점자에게 우선권을 주기에 받기가 어렵다. 매년 연장해야 하는 불안정함이 있지만 배우자와 한국에서 함께 살 수 있다. 빈은 휴일마다 사회통합프로그램 80시간을 이수했고 평가를 받아 5단계를 통과했다. 이 시험은 한국어능력시험 5급과 맞먹는다. 한국어능력시험은 6급까지 있는데 위로 갈수록 난이도가 만만치 않다. 내가 사는 미국의 한국학교 선생님들이 단체로 시험을 보고는 5급도 어렵다며 고개를 내저었다.

시험보다 더 높은 장벽은 소득과 자산 점수다. 2년 평균소득이 2천 600만 원을 넘어야 한다. 상대적으로 소득이 낮고 불안정한 농축산업과 어업 종사자는 2천 500만 원 이상이고 10점을 받는다. 3천 300만 원 이상은 20점을 받는다. 학력도 점수를 좌우하는데 대졸은 10점, 고졸은 5점, 그 이하는 자격이 없다. 자산이 1억 원 이상이면 15점, 3천만 원 이상은 5점인데 빈은 통장에 3천만 원을 유지해왔다. 내가 베트남에 보낼 돈이 모자라지 않았느냐고 물으니, 1년 동안 송금한 기록이 없어야 한다며 평온하게 일러주었다. 그래도 부모님이 사는 데 괜찮냐고 물었다. 다들 잘산다고 했다. 그 순간 나는 내 통념을 보았다. 우리 사회에서 '일하러 왔다'는 '돈 벌러 왔다'와 등식을 이룬다. **상대가 이주노동자일 때는 가난해서 왔다고 서슴없이 지레짐작한다. 낙인이다.**

그에게 박닌에서도 잘살 텐데 왜 한국에서 사느냐고 물었다. 그는 나중에 자식에게 좀 더 좋은 교육환경을 제공하고 싶어서라고 했다. 내가 "미국에 사는 한국사람들과 똑같네요"라고 하니, 노래하듯 "네, 똑같아요" 하고 맞장구쳤다.

빈은 계속 순천에서 살고자 한다. 겨울이 따뜻해서 좋고, 산천도 고향과 닮았다고. 농촌에서 자랐기에 더욱더 지금처럼 살고 싶다고 했다. 산천이 고향과 달라도 있고 싶지 않을까? 비전문취업비자로 온 이주노동자의 시간은 곧 청춘의 시간이다. 자라온 공간과 부모 슬하를 떠나 타국으로 나선 청년들은 인생을 건 만큼 무언가 이루기 전에는 힘에 부치고 모멸감이 들어도 돌아가지 않겠다는 각오로 이겨냈을 것이다. 살아낸 10년은 전과 다른 삶의 리듬을 만들어냈으리라. 세상 물정도 한국식으로 익혔을 터다.

섹 알 마문 감독은 이주노동자의 삶을 다룬 다큐멘터리 〈세컨드 홈〉을 찍을 때 주인공과 인터뷰하던 순간을 잊지 못한다. 일터의 부조리를 고발하겠다고 해서 촬영을 시작했는데, 주인공은 질문에 묵묵부답이었다. 그의 모국어인 방글라데시어로 인터뷰하는데도 좀체 입을 떼지 않았다. 답답하다 못해 한숨을 내쉬던 마문 감독은 '실패다!' 싶어 카메라를 거두기 시작했다. 무심결에 한국말로 원망이 터져 나왔다. "억울하다고 해서 우리가 왔잖아. 그 사건이 뭐였는지 말을 해야지." 그러자 입 꾹 다물고 있던 그가 속사포로 전후 사정을 조리 있게 설명하는 것이 아닌가. 죄다 한국말이었다. 한국에서 사회생활을 시작했고 개념과 단어를 한국어로 익혔기에 능통하지는 못해도 한국어가 그의 입을 틔워준 것이다.

섹 알 마문에게 평균적인 이주노동자의 삶에 관해 물었다. "한 5년 떨어져 살다 보면 마음도 멀어집니다. 고향으로 돌아가도 되나? 가족들도 '조금 더 있다 와' 하는 분위기가 형성되죠. 열 명 중 한 명은 고향에 집도 짓고 성취를 누리지만 나머지는 여기에 해당하지 않아요. 가보면 보내준 돈도 없고, 결혼하고 싶다고 하면 부모 형제가 '어디서 살 거야? 그럼 나는 누가 돈 줘?' 합니다. 그래서 결혼하지 못하고 다시 오는 경우가 많습니다. 결혼하고 오면 부인과 양가 부모님께 송금해야 하죠. 월급엔 한계가 있고, 어느 순간 돈 만드는 기계가 되어 외톨이로 지냅니다."

한국에서는 경제적으로 기능하기에 오히려 한국에 있을 때 자존감을 지키게 된다고 한다. 계속 한국에 남아 인생을 설계하고 싶어 하지만 현실은 팍팍하다.

빈은 지금 2차 장벽을 향해 뛰고 있다. 고시 2차에 붙지 않으면 1차 합격의 쓸모가 신통치 않은 것처럼, 숙련기능인력비사로는 배우자가 일할 방법이 없고 직장을 잃으면 계속 머물 수 없기에 영주권을 따 자유인이 되려 한다. 5년 뒤에 신청할 수 있는데 연 소득이 8천만 원 넘고, 자산이 4억 7천만 원 이상 있어야 하며 학사학위도 받아야 한다. 전문대학을 나온 빈으로서는 5년 안에 대학도 다니고 아파트도 사서 시세차액을 얻어야 가능하겠지만, 지방 아파트값은 쉽게 오르지 않을뿐더러 생활비도 '어찌하오리까'다.

그래서 거주 비자를 준비한다. 5년 뒤 신청할 때 연 소득이 6천 500만 원을 넘어야 하지만, 사회통합프로그램 5단계로 대학 졸업장을 대체할 수 있다. 일단 거주 비자를 받으면 부인도 일할 수 있기에 3년 뒤 영주권 신청까지 두 손 맞잡고 돌진하겠다는 계획이다. 빈이 아주아주 잘해서 영주권을 빨리 받는다면, 마흔에는 자유로운 순천사람이 될 것이다. 미국은 숙련노동자에게 2년 일한 회사에서 영주권을 신청하게 한다. 하여 변호사들은 학사나 석사 등 학위 전문가보다 수월하다고 말한다. 과연 한국은 숙련노동자를 환대하고자 하는지…. 선민의식은 저 너머 히브리에만 있지 않다. 순혈주의에 우리 산업의 허리가 꺾이지 않을까 불안하다.

미국인들이 흔히 하는 말이 있다. 범죄율은 흑인과 라틴계 모두 높지만, 라틴계 동네라면 밤길 운전 중이어도 마음 편히 주유소에 들를 수 있단다. 이유는 가족 단위로 살기 때문이라고. 동유럽이나 구소련권 이민자, 아시아 이민자가 비교적 빨리 1세대에 자리 잡는 경향도 할머니와 할아버지가 손주를 전적으로 도맡듯 가족공동체에서 그 이유를 찾는다. 우리나라에 오는 아시아 16개국의 이주노동자에게는 끈끈한 공동체 문화가 살아 있다. 그러한 이주노동자와 함께 사는 분위기가 군대처럼 혹은 터미널처럼 들고 나는 뜨내기 문화여야 할까?

빈에게 한국 정부에 바라는 점이 무엇인지 물었다. 그는 제조업만큼 농업에 지원해서 균형을 맞춰야 한다고 했다. 농촌의 열악한 환경은 곧 한국 산업의 구조적 문제와 맞물려 있다는 통찰이다. 이런 빈을 어찌 한국 노동자라고 부르지 않을 수 있을까.

이쯤에서 사족임을 알면서도 붙이고픈 한마디가 있다. 내 20대 초반, 초라한 순간들을 겪던 시절이다. 사회에서 마주한 이들은 모두 나보다 나이가 많았고 그들은 나를 별 볼 일 없는 청년으로 대했다. 혹여 앞으로 어떤 달라진 모습을 보일지 그 가능성조차 인정하지 않으려 했다. 나는 '10년, 20년 뒤 변화할 가능성이 당신보다 더 큰 20대예요'라고 알려주고 싶었고, 어금니를 악물었다. 지금 나는 뭔가를 휘두를 수 있는 사람이 되지 못했다. 그래야 할 이유도 내 안에서 사그라졌지만 한 가지는 잊지 않으려 되새긴다. 내 앞에 있는 누구나 무한한 미래를 품고 있다는 점 말이다. 상대의 현재는 변화의 흐름 속에 있고, 미래의 어느 날 내 관계들 속에 느닷없이 등장할 수 있다.

노라의
〈미나리〉

엄마 토끼가 죽었다. 새끼 토끼들에게 주려고 뜯어온 풀을 바닥에 내려놓기 무섭게 새끼들을 밀쳐내며 먹어치우던 엄마 토끼였다. 다 삼키기도 전에 널브러졌다. 엄마 토끼를 묻어주려고 공원을 다시 찾고서야 알았다. 경고문이 붙어 있었다. 잔디에 비료를 쳤다는 알림이다. 엄마가 새끼들이 독을 먹지 못하도록 막은 것이다.

노라가 어릴 적 아빠에게 들은 이야기다. 노라네가 시카고에 정착한 지 얼마 지나지 않을 때였다. 아빠는 "동물도 그런데, 나는 사람이니까 자식을 잘 키워야지"라고 끝맺었다고 한다. 노라의 아빠와 엄마는 밤 11시에 출근해 아침 7시에 퇴근하는 공장노동자였다. 둘은 월세가 싼 우범지역에서 살림을 시작했지만, 노라가 기억하는 유년의 집은 교외 주택가에 있는 마당 딸린 이층집이다. 잔디밭에서는 닭과 병아리가 종종거렸고 토끼가 뛰어다녔다.

내가 노라를 처음 본 때는 2021년 봄이다. 토요일마다 한국학교에 다섯 살과 여덟 살 아이를 데려왔는데, 그즈음부터 전과 달리 이민 2세대 부모 숫자가 늘어났고 노라도 그중 한 명이었다. 눈이 크고 미소가 환한 노라는 늘 머리를 바짝 묶어 둥그런 이마를 드러냈다. 노라를 보면 흰죽 위에 말갛게 고인 밥물이 생각났다. 누구나 사회생활을 하다 보면 갑옷 하나쯤 걸치련만 노라는 맨몸으로 상대를 마주하는 것 같았다. 이는 자신감이라기보다 들판의 풀꽃 같고 바닷가 모래알 같았다. 그런 노라가 의사라는 걸 알고 나는 깜짝 놀랐다. 그는 한국말로 "나 제주사람"이라고 자신을 소개했다. 엄마, 아빠의 고향이 제주이고 지금 엄마가 제주에 살고 있어 자기도 그곳이 집 같다고 했다.

노라의 부모인 영철과 희순은 고향 친구 사이였다. 희순의 아버지는 4·3사건으로 목숨을 잃었고, 영철의 아버지는 정신을 잃었다. 희순의 어머니는 딸 셋을 데리고 재가해 자식을 낳았는데, 그때부터 큰언니가 희순의 엄마 노릇을 했다. 영철의 집은 본래 부유했다. 말을 수십 마리 키웠고 귤 농사도 지었는데 아버지의 병세가 급격히 나빠지면서 모두

남에게 넘어갔다.

영철은 시집간 희순이 딸을 데리고 친정으로 왔다는 소식을 들었다. 희순은 미군과 결혼해 시카고에 사는 큰언니에게 이민초청장을 받았다. 형제자매 초청이 열려 있던 1970년대다. 희순은 어머니에게 딸을 맡기고 영철과 미국행 배에 올랐다(영철은 노라에게 "아빠는 단돈 2달러와 닭 한 마리를 안고 미국에 왔어"라고 말하곤 했는데, 크면서 몇 번을 확인한 노라는 정말로 닭을 안고 왔다고 내게 전했다. 우리는 배를 탔겠다고 결론지었다).

1981년 노라가 태어났고 두 해 뒤 사내아이가 태어났다. 그사이 희순은 제주에 두고 온 딸을 데려왔다. 갓난아이는 희순이 돌보고 노라는 큰딸이 돌봤다. 열세 살 소녀가 두 살 아이를 키웠다. 노라가 다섯 살이 되고 유치원에 들어가면서 희순은 다시 공장에 나갔다. 아이들은 저들끼리 자라났다. 부모가 퇴근하기 전에 등교했고, 부모의 취침 시간에 하교했다.

유치원 시절, 노라는 파란 눈에 금발 머리를 갖고 싶었다. 아빠를 그린 도화지에는 파란 눈을 부릅뜬 백인 남자가 웃고 있었다. 노라는 자신이 남들과 다르다는 것을 일찍부터 알았다. 부모님이 살아남으려면 미국사람이 되어야 한다고 입버릇처럼 말했기 때문이다. 부모님은 한국말도 가르치지 않았다. 정작 부모는 영어를 잘하지 못했고, 친구도 사귀지 못했다. 낮에 자고 밤에 일하는 20여 년의 시간은 딸까지 미국이 아닌 '집에서' 자라게 했다. 노라에게는 다른 가족이 사는 모습을 접할 기회가 없었다.

1학년생 노라는 학교에 내는 건강 관련 서류를 다른 아이의 것을 베껴 제출했다. 부모님 서명까지 노라가 했고 그 뒤로는 스스로 학부모가 되었다. 지금은 한밤에 고된 노동을 했던 부모님을 애처로운 마음으로 회상한다. 할 수 있는 일이 그 일이었기에 밤낮을 바꿔 살았다고. 두 분은 의료보험에다 주택 모기지를 내고 차를 살 수 있던 1970~1980년대 미국의 제조업 노동자가 된 것에 감사하며 성심을 다했다.

노라는 공부를 좋아했다. 책 읽는 것도 좋아했는데, 혼자 있는 시간을 잘 보낸다고 해서 어울리기를 꺼린다는 뜻은 아니다. 친구를 사귀고 싶었지만 다가가지 못했을 뿐이다. 특히 고교 시절엔 학교가 싫을 지경이었다. 다들 무리 지어 어울린 데다 이민자 아이들도 인도, 중국 등으로 갈라져 노라에겐 다가갈 틈이 보이지 않았다. 집에 와야 친구가 있었다. 같은 동네 골목에 사는 여자아이로 중국계 엄마와 독일과 아일랜드계가 섞인 아빠를 둔 친구였다. 10대였던 노라는 그때 중요한 인생 수업을 받았다.

'좋은 친구 한 명만 있으면 충분히 잘 살아갈 수 있다.'

노라는 영화 〈미나리〉를 자신의 유년을 옮겨놓은 이야기로 꼽는다. 가난하고 학력 낮은 젊은 부모가 이민이라는 도박을 감행하고, 그 부모와 함께 또래와는 다른 세상에서 일상을 보내는 아이들의 소소한 기쁨이 담긴 이야기다. 노라는 언니와 아빠 사이가 서먹했다는 점만 빼면 자신의 유년은 대체로 행복했다고 되새긴다. 다행히 언니에게는 친구가 많았다. 지금 언니는 남편의 치과를 돌보며 지낸다.

노라가 열여덟 살이 되었을 때 부모님이 이혼했다. 곧이어 파산했다. 공장이 자동화하면서 구조조정을 위해 기계조작에 필요한 영어시험을 시행했는데, 두 분은 탈락했다. 이른 퇴직으로 부모의 재정은 뒤틀렸다. 재취업이 막힌 부모는 도박에 빠졌다. 미국 공단지역에서 발생한 전형적인 현상이다. 공장이 문을 닫으면 도시가 몰락했고 마약성 진통제 중독이 퍼졌다. 도박도 궤를 같이한다. 계급 몰락이 가져온 여파는 피부색과 성별을 가리지 않고 미국 중서부를 강타했다.

노라는 싸우는 것보다 헤어지는 것이 낫고, 돈이 없다고 인생이 끝나는 것은 아니라고 생각했다. 그저 공부만은 계속할 수 있기를 갈망했다. 사립대학교 의예과에 진학했다. 장학금을 받았지만 그에 못지않게 빚도 졌다. 의대도 사립인 시카고대학교를 선택했다. 내로라하는 명문이지만 수억

원에 달하는 학비가 빚에 더해졌다. 노라는 교수당 학생 수가 적은 학교에서 배우고 싶었을 뿐이었다. 더는 잃을 것이 없었기에 고민하지 않았다. 빚은 마흔에 이른 최근에 청산했다. 20대의 노라는 걱정의 실체를 알고 있었던 것 같다. 더 큰 걱정거리에 강타당할 때마다 하고 있던 걱정은 걱정이 아닌 걸로 뭉개지는 심사 말이다. 그 경험을 반복해서인지 인생 맷집이 제법 세다. 지금은 사랑하는 사람과 함께하는 것이 행복이라고 정의한다.

노라의 아들이 한국학교를 다닌 지 1년쯤 됐을 때다. 아들이 저녁을 먹다 말고 손가락으로 식구를 한 명 한 명 가리키며 어깨춤을 더해 말했다.

"나는 코리안, 엄마도 코리안, 누나도 코리안! 그리고 아빠도 코리안!"

남편은 백인이다. 그의 증조부모가 유럽에서 미국으로 이민 왔기에 눈을 끔뻑이며 읊조렸다.

"나는 코리안 아닌데."

노라는 웃음을 터트렸고, 아들은 들이쉰 숨을 내쉬지 못했다.

"와앗What(뭐라고)?"

그러니까 여섯 살 아들에게는 인종, 민족, 국가 개념이 없었

다. 사람은 다른 언어를 쓸 수 있고 생김새도 원래 다 다르다고 이해하는 듯했다. 한국학교에 와도 인종이 섞인 아이들이 많으니 다들 코리안이라 생각했겠지. 그때부터 '인간은 인종을 차별하는 감각을 타고나지 않았다'라는 노라의 믿음은 더욱 확고해졌다. 노라가 아이들에게 한국어를 가르치고 아이들을 한국 문화에 노출시키는 이유이기도 하다. 사회 통념에 물들기 전에 자신을 이루는 유산을 알아차리는 것 말이다. 노라는 한국인임을 싫어한 채로 자신의 유산을 인지해야 했다. 아무도 한국을 알지 못했고 김치도 역겨워했다. 사회에서 거부당한다고 느낄 수밖에 없었다. 그는 아이들이 한국계 미국인으로서 당당하길 바란다.

그런데 차별은 섬세하다. 길거리에서 조롱당했던 청소년 노라는 전문의의 권위를 장착하고도 차별을 느낀다. 신입 남자 의사가 10년 경력인 노라를 하대했고, 소아 환자의 부모들도 묘하게 하대하는 말투를 썼다. 아시안이라 어린아이 취급을 받고 여성이라 애송이 취급을 받는데, 이중의 마이너리티는 의사라고 해서 벗겨지지 않았다.

지금 노라의 가족은 시카고에 산다. 두 달 전 자리잡힌 캘리포니아 생활을 접고 남동생 곁으로 갔다. 버스를 운전하는 노라의 남동생은 중학생 때 접한 마약에 중독됐었다. 그는 아들이 태어난 후 삶의 방식을 바꿨다. 그런데 그 조카가 노라의 눈에 자폐스펙트럼장애로 보였다. 네 살임에도 엄마라는 말조차 하지 못한다. 동생 내외는 덤덤하다. 노라는 애달프다. 앞으로 녹록지 않을 그들의 삶이 눈에 보여서다. 노라는 보살피는 마음을 하나라도 더하면, 동생의 세상이 조금 더 살만해지지 않을까 하는 마음에 안락한 터전에서 몸을 일으켰다.

살색의
발견

"마미, 나는 화이트예요?"

학교에서 데려온 아이의 젖은 우비를 처마 밑 빨래 건조
대에 너는데 곁에서 딸이 묻는다. 딸은 다섯 살이다. '엄마,
나는 백인이에요?'라는 뜻의 질문.

2012년 12월 15일, 내 페이스북에 게시한 글의 첫 문단이
다. 포스팅을 한 날은 딸이 참가한 연극을 본 뒤였다. 당시
연극은 추수감사절의 유래를 담았고, 일주일의 추수감사절
방학에서 돌아오자마자 준비에 들어갔다. 아이들은 친지들
과 둘러앉아 크랜베리 소스를 곁들인 칠면조 구이에 그레이

비를 얹은 으깬 찐 감자, 옥수수빵 그리고 달큼한 고구마 요리까지 배불리 먹고도 호박파이로 부드럽게 입안을 채운 기억이 선명했다. 그때 미국 대표 명절이 어디서 왔는지 배운 것이다. 백인 청교도들이 북아메리카에 와서 선주민인 북미 원주민(이하 '인디언'. 2012년, 아이의 학교에서는 북미 원주민을 잘못 일컫는 인디언이란 단어를 썼다. 당시만 해도 콜럼버스의 북아메리카 도착을 기리는 콜럼버스데이를 공휴일로 기념하는 인식이 지배적이었다. 지금은 이날의 의미를 북미 원주민의 날 Indigenous Peoples' Day로 변경한 시들이 세를 이룬다. 아이의 학교가 소속된 교육청에서도 더는 인디언이란 말을 쓰지 않는다)의 도움으로 삶터를 일구고 첫 수확을 나눠 잔치를 벌인 그 사건을, 백인과 인디언으로 분장해 무대에 올렸다. 거기에 분장한 칠면조와 호박이 막판에 등장해 박수를 받았다.

유치원생 스물네 명은 두 무리로 나뉘어 배역을 맡았는데, 영국에서 배를 타고 온 순례자를 뜻하는 '필그림pilgrims' 역할과 아메리카대륙 선주민인 '인디언' 역할이다. 딸은 '인디언' 역을 받았다. 딸의 오빠가 2년 전에 맡았던 역이다. 연극 전야에 딸에게 물었다.

"누구누구가 인디언 역할이야?"

부모 모두가 타이완계인 올리비아, 엄마가 한국계고 아빠가 백인인 메디, 엄마가 필리핀계인 마야와 쌍둥이 오빠 에반도 인디언 역이란다. 뒤늦게 생각났는지 백인 부모를 둔 조이도 인디언 역이라고 덧붙였다. 조이는 필리핀에서 태어났고 아기 때 입양됐다.

"할머니, 할아버지가 스웨덴에서 이민 왔다는 키 큰 먼로는 어떤 역할이야?"

"필그림이에요. 시에나도 필그림이고요."

시에나는 눈동자가 파란 아이다. 딸에게 내처 물었다. 매일 학교에 와 있는 열성 엄마 로린의 딸 하퍼는 무슨 배역인지. 역시나 금발의 하퍼도 필그림이었다. 딸은 내 질문의 의도를 알지 못하겠지만 땅이 알고 하늘이 알아챘다. '주인공은 필그림 백인'이라는 내 확신. 나는 그때까지 미국 주류도 백인이라고 생각하는, 한국에서부터 물든 내 인종차별 근성을 확인하는 것 같아 내 편견의 뿌리가 되려 나를 옭아맨다는 찜찜함이 느껴졌지만, 그래도 내 딸이 밀린 것 같고 차별받는 듯해 속상했다.

나와는 달리 딸의 얼굴은 환했다. 탄성을 담아 말했다.

"마미, 나는 인디언이라서 럭키예요!"

이유인즉슨 인디언들이 입는 무대의상은 종이로 만든 조끼인데, 각자 마음껏 그림을 그려 치장할 수 있기 때문이란다. 그 조끼의 원재료는 슈퍼마켓에서 주는 누런 종이 쇼핑백이다. 그 쇼핑백의 손잡이를 뜯고 봉지 바닥과 옆에 구멍을 내서 머리와 팔을 끼게 했다. 그것을 까만 티셔츠 위에 덧입는다. 딸은 누런 여백에 크레용으로 꽃밭을 만들었다.

강당에 오른 배우들을 보니, 필그림은 검정 긴팔 티셔츠에 순례자답게 흰색 마분지로 어깨와 가슴을 덮는 넓은 옷깃을 두르고 나왔다. 손목에도 흰색 마분지로 커프스를 둘렀다. 그림 그릴 데가 없었다. 인디언은 머리에 깃털 장식도 꽂았다. 화려하고 아기자기한 느낌은 있지만, 극의 맥락상 비중이 한참 처지는 것 아닌가. 아시아인이라고 인디언 역할을 준 그 도식이 마치 아이 앞길에 놓인 장애물 같았다(당시엔 그랬다. 지금이라면 역사 속 인디언 이야기를 들려주는 오버를 할지 모르겠다).

특별 배역인 호박과 칠면조는 매일 학교에 와 있다시피 하는 다섯 엄마 중 두 명의 딸과 아들이었다. 그렇다면 과연 그 엄마들의 대장 격인 룸맘(반 학부모 대표)의 딸 애디는 어떤 역할을 맡았을지 궁금해졌다. 찬찬히 필그림부터 훑어보왔다. 아뿔싸! 인디언이다! 애디는 마치 디즈니 영화 속 포카혼타스가 입었음 직한 고동색 스웨이드로 밑단이 비스듬하고 프린지가 겹겹이 출렁이는 치마에 갈색 롱부츠를 깔맞춤했다.

애디를 발견한 나는 꽤 당혹했음을 지금도 기억한다. 그 포스팅에는 '나는 왜 딸의 인디언 역을 딸의 마음가짐에 맞게 멋지게 꾸며줄 생각을 하지 못했을까. 그 게으름이 부끄러웠다'라는 고백이 적혀 있다. 아이의 기쁜 마음은 '**애들은 몰라서**'가 아니라 '**애들에겐 차별이 없어서, 분별심이 없어서였다**'라는 깨우침과 함께.

2012년 12월 15일, "마미, 나는 화이트예요?"라고 시작한 내 페이스북 게시 글은 그 말을 반복하며 이렇게 흘러간다.

"마미, 나는 화이트예요?"
아니라고 답해줬다. 넌 아시안이라고.
"그럼 내 스킨은 엄마처럼 피치peach색이에요?"
그렇다고 하니 정말 복숭아처럼 얼굴이 환하게 밝아졌다.
그동안 내가 산 40년 황인종 인생에서 피부색은 '살색'이었는데…. 어마나… 알고 보니… 그 귀한 복숭아색이 내 피부색이었다. 그 귀함을 이제 알다니.

　오늘 홍경이가 그린 두 여인의 피부는 같은 색, 그러니까 복숭아처럼 예쁜 살색을 가진 엄마와 딸이다.

좋은 어른은
차별을 흘리지 않지

전자레인지에서 '땡' 소리가 나고 노란 콘칩 위로 더 노랗게 치즈가 흐르는 접시를 내 앞에 내려놓으며 요셉 씨 부인이 말했다.

"이거 나초인데 한국에는 없죠?"

나는 '미' 음계로 내 기분은 끄떡없다는 듯 답했다.

"먹어봤어요. 강남역에 타코벨도 있었는걸요."

앞서 한국에서는 '사라다'만 먹지 진짜 샐러드를 모른다는 말을 들은 터라 타이밍을 놓치지 않았다. 나보다 7, 8년이나 10여 년 먼저 미국에 온 이들 가운데 몇몇은 차별을 생각 혹은 관심인 줄 알고 흘렸다. 2002년 내가 한국에서 데려온 새댁으로 불리던 때 일이다.

"중국엔 달력 없죠?"

연말에 거래처에서 온 달력을 아르바이트하는 홍리 씨에게 건네며 김 과장이 말했다. 질문인 척 물었지만 차별이었다. 조선족인 홍리 씨가 남편 따라 서울에 온 지 3년째 되던 해였다. '중국에는 이거 없죠?'라는 질문 같은 무시를 숱하게 받은 홍리 씨는 부드럽게 말했다.

"네, 없어요."

나와 홍리 씨의 차이는 무엇일까? 이주 1개월 차와 다른 3년 차의 관록일까? 아니면 무시 발언 속에는 그 사람이 살아온 세상, 그 사람의 인식 한계가 담겨 있음을 알기에 그 세상을 무시하지 않으려는 배려일까? 홍리 씨는 황당해서 상대의 세상을 확장해줄 기운조차 나지 않았다고 했다.

차별은 개인 관계 속에서 훨씬 더 복잡하게 드러난다. 경희 씨는 여수로 시집온 지 30년이 됐어도 '서울댁'이라는 호칭에서 한 발만 걸치게 하려는 배척을 느낀다. 보람 씨는 제주도민으로 산 지 20년이건만 결정적일 때마다 '육지 것'으로 분류됐다. 이런 말은 이웃에게 달려가던 마음이 10미터 전방에서 멈추도록 붙든다.

결혼과 이민은 매우 닮았다. 다만 이 닮은꼴을 충족하기 위한 조건이 있다. 가부장제에서 비켜난 결혼이거나 부부만의 결합이라는 인식이 없어야 한다. 둘 다 '나'의 가치를 알아보려 하지 않는 곳에서 시작한다. 남의 편에 둘러싸인 관계 속에서 투항을 요구받는데 그동안 살아온 20~30년 경험은 애초에 잊자고 회유한다. 이민은 출신 국가의 경제력이 친정 부모의 능력처럼 작동한다. 가난한 나라에서 결혼하러 오면 "돈 벌러 왔다"라는 소리를 듣고, 부자 나라에서 오면 글로벌 가족이라고 불린다. **'다문화 가정'은 '무시'를 허용하는 용어가 되었다.** 둘 다 지위 하락을 경험한다. 그리고 결승점이 아닌 출발점이다.

그럼 결혼과 이민을 합한 상태는 어떠할까? '나를 잃어버리는 시간'이 강물처럼 앞에 놓인다. 건너가야 한다. 누구에게는 그것이 여울목일 수 있다.

혜정 씨는 2007년부터 3년 동안 서울 구로구에서 '내 마음에 물주기' 프로그램을 열었다. 그는 극단 '마실' 대표로 이주여성들과 소통하며 그들의 이야기를 퍼 올리고 연극을 만들어 무대에 올리는 여정을 이끌었다. 한 기수마다 10개월간 매주 만났고, 연극이 끝나고 밀려오는 마음 깊이 휘저어진 상념의 부유물과 해갈의 희열이 만든 쓸쓸함마저 다독

여질 때까지 그들과 함께했다.

혜정 씨에게는 잊히지 않는 두 참가자가 있다. 한 명은 30대 중반 조선족 여성으로 한 달이 지나도록 말 한마디 없었다. 그러다 그림으로 마음을 풀어내는 날, 그이의 도화지 위로 자전거 타고 골목을 달리는 여성이 등장했다. 고갯마루에 서 있던 자전거가 아래로 질주하듯 이야기를 쏟아냈다. 그림 속 여성이 자신이고, 중국에서는 자전거로 골목골목을 누볐는데 결혼해 구로에 와서 살면서는 나다니질 못한다고 했다. 한국어가 어눌하기에 50대 중반인 남편이 나가지 말라고 당부했다고. 길을 한 번 잃어버린 뒤에는 집 밖에서 문을 잠그고 출근할 정도로 단속했다고 말했다. 언제부턴가 한쪽 귀가 들리지 않는다고 고백했다.

입도 팔다리도 통제당한 그 억누름이 한쪽 귀를 막았을까? 이민 초기 나보다 먼저 온 엄마들은 속상할 때 차 몰고 훌훌 나갔다 오면 마음이 좀 뚫렸다고 했었다. 내게 운전하지 못해 남편에게 의존하면 정말 답답할 거라며 운전면허부터 따야 한다고 충고했다.

마지막 리허설을 마치고 다들 부푼 마음으로 무대를 내려올 때였다. 그 조선족 여인이 소리쳤다.

"귀가 뚫렸어요. 소리가 들려요."

또 다른 여성은 40대 중반의 고려인이다. 아이들이 학교에 간 시간에 제빵 보조 아르바이트를 하는데, 돈도 시간도 빠듯한 생활임에도 단 하루 쉬는 날을 연극에 쏟았다. 혜정 씨는 매주 참가자의 말문을 열 소재로 놀이나 이야기, 그림 등을 제시하는데 하루는 그가 "다음 주에는 저희가 가져오는 게 어때요? 좋아하는 시를 가져와서 읽어요"라고 제안했다. 혜정 씨가 눈을 크게 뜨고 물었다.

"어머, 문학을 전공하셨어요?"

이번엔 그의 눈이 휘둥그레졌다.

"시를 꼭 전공해야 읽나요? 누구나 쓰고 가까이하는 게 시 아니에요?"

그다음 주, 그는 푸시킨의 시를 낭독했다. 지금도 그때를 떠올리면 혜정 씨의 귓불이 붉어진다.

이주민이 겪는 공통된 유형의 차별은 어린애 취급이다. 상대를 자신과 동등하게 대하지 않을 때는 자칫 선한 마음 사이로도 차별이 샐 수 있다. 무지로 인하여.

혜정 씨는 구로에서의 활동을 마치고 미국에 한참 머물렀는데, 낯선 땅에서 호감을 지니고 자신에게 귀엽다며 상냥하게 말 거는 서양인의 시선을 보며 '아! 이분은 지금 나를 돕고 있다고 생각하는구나'를 느꼈다. 그날 혜정 씨는 미안 함에 사무쳐 펑펑 울었다. '지금 구로에서 활동한다면 도움 을 주겠다는 그때의 마음가짐과는 정말 다르겠지….' 회한 이 일었다.

  나는 자칭 타칭 세계 제1국이라 하는 나라에서 직접적인, 때론 은밀한 인종차별을 당하는 이민자로 살며 한국에 사는 결혼이주여성과 연대 의식을 느껴왔다. 홍리 씨를 연결해준 선배가 나를 소개하며 결혼이민으로 미국에 사는 후배라고 했더니, 대뜸 "저랑 같은 분이시네요"라며 반겼다고 했다. 어 쩜 이리 나와 마음이 통할까, 기뻤다. 그러나 농촌에 사는 베 트남 여성에게 만남을 요청했을 때는 거북스럽다는 반응을 받았다. 덜 가부장적인 사회인 데다 노동 압박도 적은 곳에 서 살면서 웬 동료의식을 갖느냐는 듯한 뉘앙스로 읽혔다. 언젠가 여성영화제에서 전문직 여성이 여성 차별을 말할 때 "누릴 것 다 누리며 페미니즘을 말한다"라고 비난한 남성처 럼, 차이는 있을지언정 동질 구조 속에 있다는 것을 부정하 는 시각이 아닐까 생각했다. 그런데 취재하면서 더 많은 실 상을 접한 내 판단은 흔들렸다. 특히 농촌에 사는 결혼이주 여성에게 시댁의 압박은 매우 심했다. 같은 한국인 20~30대 여성에게 차마 요구하지 못할 가부장제 질서를 결혼이주여성에게는 당연시했다. 그러면서도 신붓감으로 20대 대졸 여성만을 원했다.

　내가 접한 최악의 상황은 서울과 농촌의 20대 결혼이주여성의 사례다. 서울 여성은 60대 남편과 그 남편의 30대, 40대 아들과 한집에서 살고 있다. 이주민 방문상담사가 아무래도 심상치 않다며 전했다. 농촌 여성은 교사를 그만두고 시집왔는데 시어머니가 1년이 다 되도록 밤이면 30대 아들을 자기 방으로 데려갔다. 약간의 지적장애가 있지만 그의 남편은 직장생활을 하고 있었다. 그는 시어머니가 소위 '정상 가정'으로 보이고자 아들을 결혼시키고 며느리인 자신을 외출하지 못하게 막는 것 같다며 절망했다. 그는 동네 이주여성의 도움으로 그곳을 탈출했다.

　간혹 '사기' '폭력'으로 불릴 행위가 벌어진다. 나는 범죄를 결혼으로 둔갑시키는 바람에 모든 인종의 결혼 이주가 명백한 다문화 결속임에도 착시를 일으키지 않나 생각했다.

　그러다 내 관념을 부서뜨린 사건이 일어났다. 엄마들이 즐겨 읽는 한 잡지에서 내게 인터뷰를 요청하며 대표가 자신을 '언어가 같은 곳에 사는 이민자'라고 소개했다. 이는 결혼해 지방에서 살며 이민자의 어려움을 헤아릴 만큼 외떨어진 느낌이라고 고백하는 수사였다. 얼떨떨했다. 언어가 다른 곳에서의 삶은 엄청난 차이일 텐데…. 이런 항변이 올라왔다. 나는 지금도 내 유려한 한국어에 한참 못 미치는 영어 때문에 날 부족하게 보도록 상대에게 권한을 넘기는 것 같은 착잡함을 떨치기 어렵다. 내 분투가 납작해지는 느낌이다. 그리고 알았다. 내가 느끼는 이 감정이 농촌에 사는 베트남 여성이 느꼈을 더한 감정일 수 있다는 것을.

나는 선하다 내세운 내 의도, 곁에 있다고 주장한 연대선언에서 무언가를 흘렸다. **아마도 알지 못하면서 안다고 생각한 '무지' 같다. 타인의 삶을 단순하게 만들었다.** 지금도 상대의 생각과 감정을 헤아리는 데 골몰한다. 어리석음이다. 모른다는 것을 여태 붙들지 못하고 흘린다. 지금 허용받은 말은 사과뿐일 텐데도.

구로와 실리콘밸리의
언니들

'나를 잃어버리는 시간'이 강물처럼 놓여 있다. 건너가야
한다.

레인보우해피잡협동조합과 테이크루트는 '아이들이 안녕
한 세상'을 향해 엄마들과 나아간다.

김홍리는 쉰다섯 살로, 2002년 남편을 따라 중국에서 한
국으로 이주했다. 동포 1세대 귀화 대상자였던 시부모님이
한국 국적을 회복하면서 호적에 오른 남편이 중국에서의 사
업을 접고 한국 회사에 취직해서다. 홍리는 밖에 나가기를
주저했다. 한국어를 잘하지 못했기 때문이다. 조선족으로
'여자도 하늘의 반쪽이다'라는 중국 문화에 익숙한 그는 외

벌이 남편을 보는 마음이 복잡했다. 아르바이트라고 생각하
며 나간 미싱 공장에서 그는 울면서 일했다.

　'내가 왜 여기 왔을까….'

　안미정은 마흔 살로, 2013년 결혼과 함께 미국으로 이주
했다. 4년 연애한 신랑이 텍사스주에서 박사 과정을 밟기 시
작했다. 배우자 비자(F-2)를 받았다. 이는 좀비 비자로 불린
다. 경제활동이 금지될 뿐 아니라 학생 비자(F-1)를 가진 남
편과 동행하지 않으면 미국 입국도 하지 못하기에 숙주에게
기생한다고 붙은 별칭이다. 운전도 하지 못하고, 무서워 걸
어 다닐 엄두도 내지 못한 미정은 종일 반지하 아파트에서
맴돌았다.

　'우울증에 걸릴 것 같아.'

　러시아어를 전공한 홍리는 중국에서 공무원이자 도서관
사서였다. 러시아와 교역하는 기업에서도 홍리를 고용했다.
기업이 도서관에 재정을 지원하는 형식으로 러시아를 오갔
고, 두 곳에서 월급을 받았다. 그런데 한국에서 그의 학력과
경력은 부정당했다. 남편이 서울대학교 언어교육원에 홍리
의 졸업증명서와 성적증명서를 제출하고 입학할 기회를 마
련했는데, 홍리가 주저앉았다. 살림에 학비를 얹기엔 마음이

작아진 뒤였다.

'포기도 괜찮은 선택이야.'

미정은 학생 비자를 받겠다고 결심했다. 경제 사정으로
이탈했던 피아니스트 길에 올랐다. 어릴 적 그의 재능을 발
견한 선생님이 공짜로 레슨해주며 시작한 피아노다. 국가에
서 관리하는 영재과정에도 뽑혔지만 콩쿠르에는 단 한 번도
나가지 못했다. 연주회급 피아노를 갖춘 스튜디오를 빌려
녹음한 연주를 보내야 참가 자격이라도 받을 텐데, 그 비용
은 고사하고 생활비를 벌어야 했다. 미정은 장학금을 받고
석사 과정에 들어갔고, 교수는 연습계획서를 주며 국제콩쿠
르에 나가자고 독려했다. 첫 연습 전날, 미정은 임신 사실을
알았다. 교수는 도전을 접었다. 미정도 동의했다. 마음은 접
자고 애쓰면 또 접힌다.

주머니 속 송곳은 어떡하든 삐져나온다고 했던가? 홍리
에게 중국어를 가르쳐달라는 요청이 들어왔다. 그룹 수업을
만들고 그 그룹 학부모가 또 다른 학생을 소개하면서 기차
칸 꼬리 물듯 수업이 늘어갔다. 첫아이를 낳았을 때도 백일
이 되자마자 수업을 다시 해달라고 성화였다. 둘째 아이를
임신하고 9개월에 접어들었을 때다. 어린이집에 있던 큰아

이가 감기 열로 쓰러졌다는 연락을 받았다. 홍리는 수업을 중단했다. 중국어 선생님 홍리의 삶과 엄마 홍리의 삶을 헤집어보면 결코 '여자 대 엄마'로 나눌 수 없지만, 아이가 아프면 통념은 엄마를 탓한다. 아니, 엄마가 먼저 스스로 주눅이 든다. 홍리는 두 딸을 키우는 데만 전념했다. 1년 반이 흐르고 홍리의 엄마가 한국에 왔다. 딸의 아이들을 키우기 위함인지, 당신의 딸을 지원하기 위함인지 모호한 경계지만 홍리는 중국어 선생님 역할을 되찾았다.

미정은 피아노를 치며 배운 것을 복기했다. 무한 반복 연습이었다. 2번 마디에서 3번 마디로 유려하게 넘어가고자 세세하게 나눠서 되풀이했다. 누군가는 똑같은 도레미를 150번 치는 것으로 들을지 몰라도 그에게는 선명히 다른 150번이었다. 마침내 원하던 도레미에 다다랐다. '그'가 장벽을 넘었다. 장벽과 그에 압도당하는 동요를 구별하는 차원에 이른 것이다. 장벽에 사로잡힐 때, 이는 짜증으로 부풀어 오른다. 하지만 실상은 일상의 과속방지턱일 수 있다. 우리가 관계 맺는 사람마다 장벽 하나쯤은 안기는 것이 인생이니까. 그걸 넘는 주체는 오직 우리다. 미정은 무심히 하다 보니 할 줄 아는 자신을 만났다. 그 사실을 복기하면서 스트레스라는 덤을 받지 않는 명랑함을 붙잡았다. 미정은 음악학원 선생님을 시작했다.

홍리는 배움에 목마름이 있었다. 2010년 그는 구로여성능력개발센터에서 결혼이주여성을 대상으로 개설한 다문화강사 양성 과정에 등록했다. 그곳에서 한국역사, 아동교육, 컴퓨터, 동화구연 등을 배웠다. 당시엔 어린이집 위주로 강의를 나갔기에 교육과정이 그에 맞춰 짜여 있었다. 홍리는 중국어 수업과 문화 수업을 즐겁게 병행했다. 2014년 말, 센터가 사업 중단을 발표했다. 강사와 수업을 연결하는 고리가 끊어진 것이다. 센터는 강사들이 협동조합을 만들면 어떻겠냐고 제안했다. 홍리는 하고 싶었다. 차별과 배제를 줄이고자. 피부색 짙은 엄마들은 자녀가 따돌림당해 눈물짓곤 했다.

2015년 강사 여섯 명과 구로여성센터장, 한국인 교육담당자 한 명이 출자하면서 레인보우해피잡협동조합이 출범했다. 그때만 해도 김홍리는 자신이 대표로서 회계도 배우고, 온갖 정부 서류도 챙기고, 교육 관련 정책도 숙지하며 경영까지 해야 할 줄은 알지 못했다. 그저 이주여성도 교육 주체로 일할 수 있고 스스로 일자리를 만든다는 것을 보여줘 다른 이주여성들을 북돋고자 했을 뿐이다. 지금은 조합원 강사 스물아홉 명을 비롯해 프리랜서 강사들과 어린이집, 학교, 도서관 등에서 자신들의 고유문화를 교육하고 세계문화행사도 주도한다. 홍리는 교육 정책 자문가로 엄마 나라의 문화와 언어를 가르치도록 행정을 바꾸는 데 한몫해왔다.

    미정은 악보를 읽지 못해도 피아노를 즐겁게 배우는 과정을 가르쳤다. 수강생이 넘쳐났다. 그러다 다시 남편을 따라 테네시주로 가야 했다. 사뿐히 떠났다. 대학교 강의를 제안받아서다. 그런데 개강을 앞두고 코로나-19가 찾아왔다. 피아노와 함께하는 미정의 강의는 온라인으로 옮겨갈 수 없었다. 폐강되었다. 그는 유튜브로 영상 편집을 익히며 아들과 함께하는 피아노 놀이를 찍어 사회관계망에서 공유하기 시작했다. 그리고 그 공간에서 훗날 테이크루트 공동 창업자가 될 두 친구를 만났다. 문지선과 강유리. 같은 30대로 또래 아이를 키우는 엄마들이다. 2021년, 미정의 가족이 캘리포니아 실리콘밸리에 자리 잡으면서 가까이 사는 셋은 공통점을 발견했다.

    '누군가가 자기와 함께해서 행복해졌다고 말할 때 눈물이 날 정도로 행복해진다. 초라해지던 시간을 건너왔다.'

    이들은 취업 훈련이 아닌 가정을 돌보려는 이주여성을 위한 단체가 없는 것을 알고 이주민 엄마를 위한 단체를 만들었다. 그 단체 '테이크루트'는 2022년 2월 주정부로부터 비영리기구로 승인받았다.

    테이크루트는 온라인에서 자녀 교육, 정신건강, 기후변화

등을 주제로 한 전문가 강의를 무료로 진행했다. 2023년에만 온라인 행사 300시간, 누적 참가자 1천 명이 넘는다. 영어책 읽기, 글쓰기 모임 등도 자리 잡았다. 그리고 만나야 더 진하게 마음이 움직인다는 것을 확인하고자, 2024년 3월 쿠퍼티노에서 한인 해외이주여성 포럼을 개최했다.

한 초등학교에서 교사가 홍리를 소개했다.

"참 좋은 선생님을 모셨어요. 이분은 다문화예요. 우리는 다문화가 아니고요."

그때 한 아이가 손을 들었다.

"선생님, 저는 다문화예요."

그 아이는 소위 '다문화 가정' 아이였다. 아이와 교사의 '다문화'는 민족 분류에 근거한 개념이다. 행정 용어일 수도 있다.

홍리가 아이들에게 물었다.

"다문화가 무엇이라고 생각해요?"

아이들은 줄임말을 풀어 대답했다.

"다양한 문화요."

홍리가 설명했다.

"우리는 모두 다양한 문화를 갖는 다문화예요. 한국인들끼리도 각자 다른 사고방식과 취향을 갖기에 다문화입니다."

홍리는 4년 전부터 아이들의 변화를 확인하고 있다. 아이들이 먼저 "우리 모두 다양한 문화를 갖고 살아요"라고 말한다.

테이크루트가 출범하면서 미정은 소망을 품었다. '괜찮다'라고 다독이며 사는 분들 마음속에 돌 하나 던져드릴 수 있다면…. '조금 능동적이어도 좋지 않을까?' 질문하게 할 수 있다면…. 재작년 가을 온라인 독서 토론을 할 때였다. 동부에서 참여한 분이 그곳 시간으로 자정을 넘길 즈음, "제 마음속에 돌 하나가 던져진 것 같아요"라는 말을 했다. 그 순간 미정은 테이크루트의 바퀴가 돌아가는 것을 느꼈다.

홍리는 조합원 강사들에게 능력을 키우자고 말한다. 대학에 다니다 이주한 강사에게는 한국 대학 편입을 북돋고, 형편이 어려운 강사에게는 조리사 자격증을 따자고 설득한다. 다들 적은 수입에도 자부심을 품고 활동하는데, 홍리는 그것이 지속 가능하도록 그들의 삶을 보살핀다.

나는 레인보우해피잡협동조합과 테이크루트는 닮은꼴이라고 생각한다. 이들은 한국 사회와 미국 사회에서 다문화가정multicultural family으로 불리는 소수자 여성이 세상의 편견과 배제를 거둬내고 함께 행복하게 살도록 만들겠다는 포부를 펼칠 뿐 아니라, 같은 방식으로 변화가 일어나는 과정을 모색한다. 바로, 변화를 바라는 사람 스스로 변화하며 나아가는 행동이다. 변화를 모색하면서 주체의 역량을 키우는 이들의 방식은 마치 수레를 굴리는 바퀴의 역학을 보여주는 것 같다. 바퀴는 외부의 힘이 작용하며 움직이기 시작한다. 그러나 축과 바큇살이라는 구조가 없으면 구르지 못한다. **세상을 움직여온 역사의 수레바퀴도 개인의 행동이 모여 그 궤적을 그려왔다.** 아이들이 안녕한 세상으로 향하게 하려는 엄마들의 움직임이 순항하길 바란다. 그러기 위해 나도 내게 질문해보련다.

'지금 이대로 괜찮아?'

보통 사람들이여!

내 마음의 밑천을 들여다보게 하는 책이었다. 사람이란?
삶이란? 이런 것을 궁리하게 했다. 번번이 머리와 마음이 어
긋나는 지점을 마주했다. 그런 것 있지 않나? 다이어트를 잘
하고 있다고 으스대면서도 막상 누군가가 아이스크림 봉지
를 뜯고 있으면 '한입만'을 청하며 세 입 같은 한입을 베어
물고야 마는 그런 인지부조화 말이다. 인권운동가이자 중증
뇌병변 장애인인 이규식이 쓴 《이규식의 세상 속으로》다.

이규식은 열아홉 살까지 방구석에 있다가(그의 표현이다)
산에 있는 장애인 공동체에 들어가 서른 살에 '굶어 죽더라
도 밖에서 내가 원하는 대로 살아보자' 마음먹고 시설을 나

왔다. 책에는 문래동에 있는 아파트에 체험 홈을 꾸리고 시설에서 나온 장애인 세 명과 자립 생활을 하던 때의 일화가 나온다. 장애인 '탈시설 운동'도 규식이 집중하는 사업이다. 이웃과 잘 지내야 장애인이 지역사회에서 살아갈 기반이 닦인다는 생각에 '가죽 지갑 만들기' 같은 주민 대상 프로그램을 열며 다가갔다. 명절이면 이웃에게 떡도 돌렸는데 재계약 시점에 문제가 터졌다. '장애인 세대 재계약 수락/반대의 건'이라는 의제로 주민대표 회의가 열렸다. "언제 나갈 거예요?"라는 질문을 시작으로 공세가 이어졌다. 한 주민이 "우리에게 이분들 집의 재계약을 허락할 권한이 있나요?"라고 물으면서 한풀 꺾였고, 구청 공무원이 장애인차별 금지법까지 들이대며 조목조목 설명한 다음에야 무마되었다. 전국 곳곳에서 벌어지는 일이라고 한다. 대구에서는 주민들이 아파트 입구를 차로 막아 경사로 설치 공사를 못 하게 했다. 반대 이유는 주로 어린이 안전과 집값 하락이다.

  사람을 상품처럼 등급 인증을 하려는 것 같아 황당했다. 그러다 함께 작업하던 린다가 집을 팔 때 조언하던 내 모습이 떠올랐다. 린다는 다발성 경화증으로 휠체어 생활을 했다. 집 입구에 계단 옆으로 경사로를 놓았고, 현관부터 벽 중간에 손잡이 막대를 둘러 방과 화장실로 이어지게 했다. 전동 휠체어가 부엌에서 거실을 지나 사무실 책상까지 부드럽게 굴러가도록 바닥 공사도 했다. 창문도 아래로 넓혔는데 규식의 글을 보면서 그 이유를 알았다. 휠체어에서 뒷마당 장미와 데크 위로 떨어지는 빗방울을 바라볼 수 있게 한 것이다. 규식은 휠체어에서 본 창밖 풍경은 어딜 가나 하늘뿐이었다고 적었다.

나는 린다에게 주택 시장이 침체기인 지금은(2008년 금융위기 직후) 무조건 모델하우스처럼 꾸며야 팔린다고 말했다. 인종을 나타내는 사진이나 취향을 지우고(린다는 백인이니 괜찮을 수도 있지만) 장애인 편의시설도 떼야 '많은 사람'이 좋아한다고 말했다. 린다의 의견은 달랐다. 나이 든 사람은 어차피 경사로와 지지대를 설치해야 할 텐데 얼마나 반갑겠냐는 것이었다. 나는 구매 대상을 좁히기에 경쟁력이 떨어진다고 응대했다. 린다는 편리와 안전이 더 큰 경쟁력이라며 굽히지 않았다. 나는 팔기 어렵겠다고 생각하며 입을 다물었다.

세월이 지나 내가 사는 골목에도 이웃이 바뀌었다. 옆집 할아버지가 돌아가시고, 부동산 중개인 커플이 이사와 이층집을 개조하며 할아버지가 들여놓은 엘리베이터를 들어냈다. 아시아풍 동백도 베었다. 그리고 부동산 호황에 걸맞은 이문을 내고 떠났다. 새 이웃에게 전에 작은 엘리베이터가 있었다고 하니 아쉬워했다. 곧 은퇴하기에 염두에 두던 참이라고 했다.

이제 보니 '많은 사람'이라는 내 용어는 시장 중심 시선이고 차별이었다. '표준, 보통, 정상'의 다른 표현일 뿐이다. 그 시대가 정해놓은 기본으로 한식으로 치면 밥과 국과 김치이고, 생애주기로는 열다섯 살에서 예순다섯 살 사이의 비장애인일 것이다. 어떻게든 100계단을 오를 수 있는 사람들로, 다른 말로 '노동가능인구'가 아닐까? 나머지 인구는 '옵션'이라는 추가 비용이 드는 서비스 사용자들이니, 이들의 편리는 사회 비용을 들이도록 싸워서 만들어야 하는 정치가 되었다. 그리고 그것은 복지로 불린다. 100세 시대, **점점 더 '보통'이 아닌 사람들이 늘어나고 있다(그럼 보통이 아닌 것이 보통이지 않나?).**

사실 린다가 바라보는 구매대상자 수는 나보다 훨씬 더 많다. 우선 비장애인은 기본이고 노인과 장애인도 있다. 또 아플 때, 개 유아차 끌 때 등 덧셈식으로 접근했는데 나는 뺄셈으로 다가갔다. 어이쿠!

규식이 생각하는 '권리를 지닌 사람'의 범위 또한 시대의 통념을 넘어 드넓다. 그러하기에 목에 쇠사슬을 감고 지하철 선로에 몸을 묶었던 것이다. 장애인 이동권을 현실에서 보장하도록. 그렇게 지하철역 엘리베이터가 탄생했다. 지금은 새치기하는 비장애인에게 밀려 엘리베이터 앞에서 기다리기 일쑤다. 정부가 노인을 위해 만들었다며 눈치 주는 사람을 만나면 화도 난다고 한다. 그러나 규식의 글에는 유머가 왈츠처럼 흐른다. 세 박자 속에 눈물도 있고 웃음도 있고 사랑도 있다. 누구나의 삶처럼. 백만 종류의 보통 사람들이여, 함께 삽시다!

이방인이 되는 시간을
건너는 법

의정부였고, 나이트클럽이었다. 1992년 '나이트'라 불리던 클럽의 화장실은 의정부라고 해도 강남역 월드팝스나 이태원 비바체 못지않게 널찍했다. 나는 스물두 살이었고 화장실 한 칸을 차지하고 눈물을 쏟고 있었다. 훌쩍거림이 칸막이를 넘었는지 한 여성의 목소리가 넘어왔다.

"괜찮아요?"

들어올 때 얼핏 눈이 마주친 두 명 중 한 명 같은데, 둘 다 서른 남짓으로 보였고 담배를 피우며 이야기하고 있었다. 내 입에서 "괜찮아요" 소리가 나왔을 터다. 다른 한 여성이 친구에게 하는 말처럼, 그러나 나 들으라는 듯 "사회가 좀 그래" 하며 비굴했던 직장 이야기를 꺼냈다. 딱 봐도 학생티

121

가 나는 사회초년생에게 자기 흑역사를 꺼내 내 흑역사를
별일 아닌 걸로 만들어주려는 위로였다. 어떤 말을 들었는
지는 기억나지 않는다. 나도 아무 일 없었다는 듯 술자리로
돌아갔을 것이다.

그날 그곳은 회식 자리였다. 대학교 4학년 2학기에 한 텔
레비전 아침 생방송 프로그램에서 리포터 겸 스크립터로 사
회생활을 시작했을 때다. 수도권 네 곳에 스튜디오를 열어
그 지역을 소재로 취재한 내용을 생방송으로 연결하는 구성
으로, 당시만 해도 그 방송국은 전국을 포괄하지 못했다. 파
견된 피디와 리포터 들이 식사를 마치고 간 곳이 나이트다.
나는 나이트를 몹시도 싫어했다. 노래방도 싫었다. 그러나
열심히 춤추는 나를 보아야 했다. 잘 보이려 애쓰면서 그걸
사회화라고 자신에게 세뇌하는 나 자신이 구차스러웠다. 나
는 리포터로서 카메라를 이끌며 현장을 누비기는커녕 일반
인 인터뷰 대상자들의 답변도 잘 끌어내지 못하면서 도리어
상대가 어눌하다고 원망하던 어리바리한 초보였다. 내 취향
따위를 표현할 자격이 없다고 여겼더랬다.

시간이 흘러 마포의 한 방송국에서 라디오 피디 6년 차로
일할 때, IMF 시절이던 그해 여러 언론사가 공채를 열지 않
아 역대 최고의 학력과 학벌을 갖춘 신입사원이 들어왔다며
회사가 술렁였다. 신입 피디, 기자, 아나운서 들이 편성제작

국에서 수습 교육을 받는 동안 회식이 열렸다. 2차로 노래방에 갔다. 신입들의 탬버린 소리가 한순간도 끊이지 않았다. 그들은 최신가요를 열창하고 랩을 발사하며 초대 가수들처럼 장기를 펼치고도 40대 선배가 부르는 〈아파트〉에 군무를 췄다.

나는 서글펐다. 기원전 3세기, 장자는 위수에서 헤엄치는 물고기를 보며 즐거이 노닌다고 물고기의 즐거움을 헤아렸다지만, 나는 그들이 극한 야근을 한다고 해석했다. 회식 자리까지 공고했던 위계질서에서 여전히 아래에 있던 자로서 수습사원의 난처함을 아는 척하고 싶었다. 비록 입안에 물고 있던 "너무 열심히 하지 마!"를 볼멘소리로 중얼거리는 정도였지마는. 그들은 '어쩔 수 없다면 즐기자'를 시전하고 있었을 수도 있다. 나는 주류 중심의 여흥에 신물 난 지 오래였다.

남들도 지나고 나서야 '그땐 그랬지' 하며 자기감정을 해석하나? 나는 서른두 살에 미국으로 이주하고 나서야 내가 20대에 겪은 감정을 여러 단어로 꼽아봤다. 애송이라는 2등 시민, 여자라는 2등 시민. 쓸모 있음을 증명해야 자격을 얻기에 악착같은 노력이 당연한 대기자들. 나는 사회라는 입국심사대 앞에 서 있었다.

실제로 이민 심사를 받고 국경을 넘은 다음엔 단지 생김새의 '다름'만으로도 몸의 긴장도를 높여야 했다. 미소를 머금고 그러나 주먹을 꼭 쥔 채로 일상을 보냈다. 인간에게 시각 정보는 절대적이다. 생김새가 소수자를 약자로 솎아낸다. 성소수자 중에서도 트랜스젠더가 더 빈번한 혐오와 배제, 차별을 경험하는 것도 이와 같지 않을까.

어디에서 왔느냐는 질문을 계속 받다 보니 '대체 정체성이 뭐기에' 하는 의문이 일어났다. 다름에 관한 근거인데, 내 경우 답 찾기는 수월했다. 성인으로 이주했고 출신지에 사는 다수와 같은 피부색에 국적도 한국인이라서다. 반면 내 아이들이 답을 찾는 과정은 복잡했다. 결핍부터 찾도록 강요받고, 세 살부터 '있음'이 무엇인지 파악하는 시간을 탐색하도록 사회가 자극했다. 그렇게 소수자로서 금 밖으로 내쳐진 다음, 작은 몸뚱이 안팎의 힘을 길러 무리 속 진입을 모색한다. 변방의 목소리라도 구축하려는 그 작업을 청소년기까지 수도 없이 반복한다.

이민가정 아이는 대부분 대입 자기소개서에 자신의 정체성 찾기 여정을 쓴다. 윤리적 뇌가 발달하는 10대 후반이라 그럴 수 있고 소수자의 목소리가 세를 이룬 시대라서 그럴 수도 있지만, 물고기가 물속에서 물을 찾지 않듯 주류는 정체성을 자극받지 않는다.

백인 이성애자 남성 30대와 40대에게 물어봤다. 다들 정체성에 관한 자기소개서는 고사하고 질문조차 품지 않았다고 했다. 백인 이성애자 여성 샤 또한 고등학생 때부터 페미니스트였지만, 어머니가 가정을 책임져왔기에 자신이 여성이라는 이유로 사회에서 배제될 거라는 소수자성을 느끼진 않았다고 했다. 샤가 처음 정체성을 깊이 생각한 때는 피츠버그 도심 고등학교에서 교사로 일할 적이었다. 유일한 백인으로 흑인 학생들과 수업했다.

한 사회의 문화 동질성이 높을수록 '다름'을 배제하는 것을 당연시한다. 사고의 관성이다. 고려인 아나스타샤는 어릴 적 살던 우즈베키스탄을 '샐러드 볼 사회'라고 일컬었다. 아파트 위층에는 슬라브인과 아르메니아인이 살고, 아래층에는 타타르인 그리고 고려인처럼 강제 이주한 유대인이 살기에 자신을 고려인이라고 소개해도 이는 정보 제공이지 약점이 아니었다. 아나스타샤가 한국에 살면서 겪는 고려인 정체성과는 달랐다.

아홉 살에 미국으로 이민 온 변호사 그레이스 심은 자신을 코리안 아메리칸이라고 규정한다. 정체성을 문화적으로는 한국인이고 법적으로는 미국인이라고 표현하지만, 한국에 사는 한국인과는 다르다. 한국과 미국이 축구 경기를 할 때, 한국을 응원하지만 미국이 이겨도 기분 나쁘지 않은 한국계 미국인이다. 내가 정체성을 물어본 스무 명 남짓한 한국계 미국인은 모두 그레이스와 같았다. 이들은 미국에서 태어났거나 적어도 청소년기를 보낸 30대와 40대로 이들에게는 아시아 사람이라는 개념이 없다. 아시아인 개념은 자신과 비슷한 사람이 경찰이고 교사이며 이웃인 곳에서, 즉 한국을 제1국으로 삼는 사람이 지역을 아시아와 지구로 확장할 때 갖는 동류의식 같다. 이렇게 보니 '한국 사회에서 황인종인 한국인이 왜 백인을 우대하고 동일시할까?' 했던 의문이 조금은 풀렸다. 나이지리아 흑인도 백인과 동일시한다. 1등 시민이 1등 지구인(백인 우월주의 사고일지라도)과 동일시하는 인식이라고 생각한다. 아프리카에서 온 친구들에 따르면 아프리카 국가에서는 미국의 흑인 민권운동 구호인 '흑인도 중요하다Black Lives Matter'에 그리 공감하지 않는다고 한다.

그레이스 심은 미국에는 인종차별이 있긴 해도 공동체를 포괄하는 큰 우산이 있다고 표현했다. 더불어 미국인이 곧 백인을 지칭하는 것은 아니라고 강조했다. 자신도 인도계인 형부도 미국인이라고. 다민족 국가인 중국에도 비슷한 면이 있다고 느꼈다. 비록 소수민족인 위구르족 등을 탄압하지만 조선족 2세와 3세가 자신은 조선족 중국인이라며 속내를 말하는 경우를 여러 번 마주했다. 그만큼 유년을 보낸 공간, 청소년기 삶의 터전은 한 사람을 형성하는 데 지대한 영향을 미친다. 공간이 곧 각자의 세계이고 그 속에 마음을 이루는 관계가 얽힌다. 지금 한국에서 이주민 2세, 3세가 자라고 있다.

왜 정체성 질문을 받지 않는 다수가 타인의 소수자성, 이방인의 시간을 염두에 두어야 할까? 함께 살고 있어서다. 그들은 주류 곁에 있고 다름이 드러날 때마다 느닷없이 정체성을 묻는 말을 듣는다.

"어디서 왔어요?"

20년 전 귀화한 방글라데시계 한국인, 베트남계 한국인, 미국계 한국인도 수시로 질문을 받는데 그 속뜻은 '왜 여기 있어요?'일 것이다. 질문하는 그대는 왜 거기 있는가? 고양이는 고양이를 선택해 태어나지 않았다. 자작나무도 인간도 그들이 선택한 게 아니다. 태어난 곳도 마찬가지다. 다만 인간은 잘 살고자 의지를 북돋워 이주를 감행한다. 한국 경제는 이미 이주민 없이는 작동이 불가능한 상태에 다다랐다. 함께 잘 살아야 하는 가장 근본적인 이유다.

경상남도 한 시골에서 유년을 보낸 소희는 자신을 외계인이라고 생각하며 자랐다. 대학에 가서야 감성에 맞는 친구들과 공감하며 한국인에 안착했다. 지금은 영화감독으로서 이주민 인권 활동을 하며 5퍼센트 정도만 외계인 같은 시간을 보낸다. 여중과 여고에서 줄곧 두각을 나타낸 연순은 한국의 엘리트 관문으로 꼽히는 서울대학교 법대에 안착하며 기대에 부응했다. 그리고 여성이라는 소수자성을 맞닥트렸다. 문밖의 대기자, 이방인 같은 시간이었다. 연순은 그 시간이 변호사로 활동하면서 여성, 소수자 문제를 놓지 않은 한 축이 됐을 거라고 느낀다. 셰프인 민주는 조각하다 요리한다는 이유로 동료 요리사에게 초라함을 강요받았다. 그래도 손님이 남긴 리뷰에 과거의 초라함마저 녹아내리는 순간을 맞는데, 바로 '고민해온 시간이 느껴졌어요'라는 리뷰다. 노력하는 것을 믿어주고, 살아온 시간을 두고 '애썼다'라고 인정하는 마음이 우리의 숨을 고르게 한다.

백인 남성 미국인 케빈은 한국인 유학생 안나를 사랑하고 딸 세라를 얻은 다음, 딸과 아내의 코리안 아메리칸 정체성을 이해하고자 열 살 적 기억을 떠올려보곤 한다. 아이오와주 시골에서 캘리포니아주에서도 세련된 도시로 꼽히는 패서디나로 이사한 그는 한 학년 낮춰 들어가야 했다. 다른 아이들보다 나이가 많은 것이 창피했고 아이오와주 출신이라는 정체성을 들키지 않으려는 마음도 있었다. 가족이 그런 마음에 빠지지 않도록 보살핀다는 케빈은 스스로 충분하지 않지만 한국인 정체성에 발끝은 담갔다며 미소지었다.

마음이 통하는 시간을 나누다 보면 다름은 애써 발견해야 하는 숨은그림찾기가 되기도 한다. 볼에 콩알만 한 점이 있는 작가와 1년 넘게 가요프로그램을 만들 때였다. 10미터 전

방에서도 점부터 보이는 친구였다. 생방송 전에 늘 저녁을
같이 먹었는데, 하루는 자기한테 달라진 것이 없느냐고 물
어왔다. 밥을 다 먹을 때까지 샅샅이 살폈지만 알 수 없었다.
친구는 억울하다는 듯 외쳤다.

"점 뺐잖아!"

마음이 통하고 난 뒤였다.

누구나 다름을 안고 살아간다. 그 다름이 초라함의 길
목이 되지 않도록 마음으로 연결되는 관계가 두루 스며들
길…. 그래서 우리의 다름이 결코 위험해지지 않기를 소망
한다.

"소수의 연약함을 살피는 기꺼운 책임이 필요하다."

집합의 면

2장

고유한 사람들의 느슨한 연대

행복은 발견되길
기다린다

"어피 안아."

교실을 나온 여섯 살 에바가 엄마를 발견하고 두 팔을 벌린 채 달려가며 속삭이듯 한 말이다. 꿀 떨어지는 눈으로 딸의 입 모양을 읽은 벨은 잘록한 허리를 숙여 에바를 안아 올렸다. 에바의 가는 두 다리가 벨의 골반에 안착했고, 벨의 두 손은 에바의 엉덩이에서 깍지를 꼈다. 에바 입에 물린 막대사탕이 벨의 볼을 긋는데도 마냥 어화둥둥이다. '어피 안아'는 에바가 만든 위up(업)로 안아주라는 말이다. 아니, 엄마와 아빠의 영어 세계로 온 에바가 세 살에 익힌 영어다. 콩글리시.

내가 벨과 에바를 처음 만난 건 2022년 이른 봄이었다. 한국학교에서 소풍을 갔는데 부채를 색칠하는 부스에서 색동 저고리처럼 색을 골라 가장자리를 벗어나지 않게 색칠하는 어린아이가 인상적이었다. 피츠버그에서 캘리포니아주로 온 지 얼마 지나지 않았다고 했다. 딸을 위해 대륙을 가로질러 아시아인이 많은 곳으로 이사했고 곧바로 한국학교를 찾아왔다고.

미술 교사인 벨은 아이를 갖고자 2년여 동안 노력했다. 하지만 번번이 실패했고 불임 시간은 그의 자존감마저 추락시켰다. 그러다 동료 교사의 아이 중 한 명이 입양아인 걸 알게 되었다. 동료는 자신이 낳은 아이와 조금도 다르게 느껴지지 않는다고 했다. 그들을 오래 보아온 벨도 차이를 느낄 수 없었다. 벨 부부는 홀트인터내셔널을 찾았다. 미국 내 입양은 친척이 2년 안에 이의를 제기하면 무산될 수 있기에 국제 입양을 하기로 마음먹어서다. 아시아 입양이 빠르다는 안내에 대기자 명부를 보다 에바와 마주했다. 사진에서 빛이 났다고 했다. 눈앞에 무지개가 진짜로 떠올랐다며 내 눈 가까이 다가와 말했다. 벨의 눈동자에서 파란 별이 반짝였다. 그 사진은 지금 식탁 옆 콘솔에 놓여 있다. 눈썹 위로 반듯이 자른 앞머리 밑으로 지민의 미소가 '화알짝' 피었다. 지민은 에바의 한국 이름이다. 지금도 에바와 함께 불린다.

홀트인터내셔널에서는 지민이 한국 입양프로그램에 있다고 말했고, 국제 입양프로그램과 별개로 분리된 한국 입양프로그램으로 옮기는 절차는 수월했다. 그러나 그때 알지 못한 것이 있었다. 한국 아이를 입양하기까지 시간이 세 배 더 걸리는 현실 말이다. 18개월이던 지민은 35개월이 돼서야 벨과 집에 올 수 있었다. 1년 반 동안 지민은 위탁 엄마 손에 씻겼고 그 엄마가 해준 밥을 먹으며 자라났다. 벨은 하루하루 지날수록 점점 더 두터워질 그 애착 관계가 두려웠다. 지민이 맞아야 하는 이별의 고통이 무서웠다. 입양기관에서는 위탁모와의 접촉을 모두 막았다. 오로지 기관을 거쳐 지민에게 선물을 보낼 수 있었다. 그쪽에서는 매달 병원에 간 기록과 몇 달마다 한 번 사진을 보내올 뿐이었다. 엎친데 덮친 격으로 입양 허가 여부를 심판하는 법원 재판부가 바뀌면서 3개월 더 연장됐다. 아이의 정서와 사회성, 언어능력이 개발될 때인데 곧 엄마와 아빠로 불릴 양육자의 사랑은 차단된 채였다. 그렁그렁해진 눈시울로 회상하는 벨을 보며 나는 입양은 한 가족의 탄생인데 내가 '고아 수출'로 물든 과거의 지독한 잘못에 더 사로잡혀 있음을 보게 되었다. 내 안에 있는 국가주의적 사고도 확인했다. 우리 아이들이 해외로 빠져나간다는 시각 말이다. 나는 품지 않으면서…. 빠르고 정확한 심사는 불가능할까?

지민을 만나는 날이었다. 홍대 앞 호텔에서 벨과 남편 샘은 침대에 나란히 걸터앉아 한동안 창밖을 응시했다. 눈 뜬후부터 나갈 채비를 마친 그때까지 서로에게 단 한 마디도 건네지 못했다. 아주 무겁고 무거운 무언가가 둘의 어깨를 감싸 두르고 지그시 눌렀다. 그럼에도 명치께는 나비가 팔랑이듯 간질거렸다. 엄숙한 설렘이라고나 할까.

호텔을 나와 둘은 걸었다. 홀트인터내셔널에 도착했다. 엘리베이터 앞에 섰다. 지민은 3층에 있을 것이다. 둘은 지구를 끌어올리듯 그 층에 도달했다. 저만치 지민이 보였다. 위탁모가 먼저 둘을 발견했다. 그리고 마치 모두에게 들으라는 듯 선언했다.

"지민아, 마미랑 데이디 왔다!"

에바(지민)는 지금도 아빠를 영어 '데디daddy'라는 발음 대신 데이디라고 부른다. 위탁 엄마가 물려준 달콤한 한국 사투리 영어다.

샘은 돌아가고 벨은 한국에 남았다. 입양을 마무리할 두 달 뒤까지 에바를 볼 수 있어서다. 두 번째 만남은 1시간 더해진 2시간이었다. 에바의 입에서 '마미' 소리가 나왔고, 벨은 '수박'이라 말하며 딸에게 건넸다. 에바가 제일 좋아하는 과일이다. 이제 벨의 언어에서 워터멜론은 수박이 되었다. 에바의 손을 잡고 합정동을 누비며 벨의 머릿속은 온통 '어

떻게 하면 미국에서 한국의 맛과 문화 그리고 에바와 생김
새가 비슷한 사람들을 만나도록 해줄까?' 하는 생각으로 가
득 찼다. 딸이 태어난 한국에 온 마음을 빼앗겼다.

벨과 샘은 한국 홀트인터내셔널에서 무겁고 힘든 수업을
받아야 했다. 문화가 다른 곳에 입양되어 성인이 된 이들의
수기를 성서 읽듯 읽었고, 입양되어 서구에서 자란 한국계
활동가들이 주도하는 12시간 교육에 참석했다. 삶에서 나
온 그들의 당부는 크게 두 가지였다. 하나는 입양과 친부모
에 관해 자연스레 거론해서 아이가 생부모를 찾고 싶을 때
부모를 배신하는 것 같은 죄의식에 사로잡히지 않게 하자는
것이다. 다른 하나는 생활 반경 안에 '생물학적 거울'을 꼭
갖도록 조성하는 일이었다. 아이와 생김새가 비슷한 사람이
곁에 있는 것 말이다. 꼭 부모이지 않아도 된다는 설명에 벨
과 샘은 용기를 얻었다.

벨은 나와 처음 대화할 때도 생물학적 거울을 사명처럼
강조했다. "내 아이도 미국에서 한국계로 살아야 하기에 한
국학교에 온다"라고 말하자, 같은 속사정을 느끼고 편안해
했다. 어찌 됐든 우리는 하루에도 문화 국경을 여러 번 건너
는 '월경인越境人'들이다. 벨은 에바를 미국 백인 가정의 아이
로 키우고 싶지 않다고 했다. 한국계 미국인으로 키워야 한

다고. 그의 가정 역시 한국계 미국인 가정이 되었다. 두 세상이 충돌해 새로운 세상이 만들어진 것이다. 소중하기에 선택한 소수자 정체성. 우리가 소중하게 생각하는 그것이 결국 우리를 설명한다.

벨은 '트랜스 컬처럴 패밀리Transcultural Family(전환문화 가정)'라는 단어를 사용했다. 국제 입양 가족을 지칭하는 말이다. 우리말로 풀면 둘 이상의 문화를 넘나드는 혹은 범문화적 가족이라고 번역할 수 있다. 다문화 가족multi-cultural family보다 사고방식, 취향 등의 흐름을 진행형으로 묘사한 명명 같다. 문득, 시집와서 시어머니와 처음 배추김치를 담그던 날이 생각났다. 나는 배추 밑동에 칼집을 내고 양손으로 벌렸는데, 시어머니는 "그럼 배춧잎이 너줄너줄해진다"라며 끝까지 칼로 반 토막 냈다. 오래된 두 습관이 맞붙은 순간이었다. 그러니 혹시 모든 인간의 만남이 전환문화적 접촉 아닐까?

요즘 에바는 아침에 일어날 때마다 힘겨워한다. 학교에 가기 싫다고 매달리는데, 벨이 정기 학부모 면담에서 담임 선생님한테 이 말을 하니 믿지 않았다. 굉장히 행복해하는 환상적인 1학년생이라는 답변이 돌아왔다. 벨은 오전에만 학교에 있는 유치원생에서 오후 3시에 돌아오는 1학년으로 올라가면서 그 일과가 불안감을 일으킨 것 같다며 애달아했다. 나 역시 어릴 적 이부자리에서 벗어나지 못해 애먹이던 아이였고 다른 한국 부모들도 어릴 적 경험을 고백했지만, 벨의 걱정을 잠재우지는 못했다.

벨은 에바가 태어나자마자 신생아 집중치료실에 들어가는 바람에 중요한 시기에 엄마의 심장 소리에서 멀어졌고, 맨살의 체온이 전하는 포근함을 놓친 것을 아파한다. 세 살, 세상을 온몸으로 받아들이며 자기감정을 표현하는 그 시기에 위탁 엄마와 헤어진 것도 트라우마로 남았을 거라며 한숨짓는다.

에바가 집에 온 날부터 벨과 샘은 6개월 동안 번갈아 가며 가슴에 품었다. 그 누구도 에바를 만지지 못했다. 벨은 교직을 떠났고 에바만 돌봤다. 그사이 에바는 한 살이 되었다가 백일 아기가 되었다가 신생아가 되기도 했다. 그렇게 3년 동안 생후 6년의 나이를 다시 먹었다. 벨과 샘은 홀트인터내셔널 수업에서 '퇴행'이란 단어를 들었다. 입양 후 아이가 반드시 마주하는 행동이라고 했다.

나는 내 경험을 돌아보며 그 의미를 짐작해보았다. 큰아이 두 살 때 작은아이가 태어나며 엄마 품을 동생에게 내주었다. 그 아이는 네 살 때 한국 외갓집에서 여름을 보내며 외할머니의 무한한 지지와 사랑을 받았다. 마음껏 어리광을 부렸다. 미국으로 돌아온 첫날에도 문간에 앉아 응석을 부렸는데 내 한마디에 뚝 그쳤더랬다.

"우리 지금 미국 집에 왔어."

아이는 곧바로 오빠 자리로 돌아왔다. 나는 아이가 사랑이 충만한 외할머니 품에서 마음에 묶여 있던 감정 매듭을 많이 푼 것 같아 감사했다. 에바도 지금 가장 안전한 곳에서 스스로 온갖 매듭을 푸는 것이 아닐까? 여느 아이가 겪는 성장통과 어쩔 수 없이 묶인 여러 고비 그리고 사회가 묶어놓은 불편한 시선의 자취들까지…. 나는 벨이 35개월 된 에바를 낳았다고 믿는다.

벨에게 에바와 함께하면서 가장 행복했던 순간을 꼽아달라고 했다. 대답하지 못했다. 그럼 열 개를 꼽아달라 하니, 한참 궁리하다가 배시시 웃었다. 온종일 스무 번 넘게 '마미, 아이 러브 유'를 외치는 사랑스러운 에바도 행복이고, 자기 품에서 마음이 힘들다고 소리치는 에바도 행복이라며 볼이 발그레해졌다. 순간, 나도 행복감에 밀려 해사해졌다.

행복은 알아차림이다. 그 속에서 모든 초라함은 힘을 잃는다.

초라함을 막는
보호막

전남 곡성에는 '봄'이 산다. 이름은 파와싯 랏티코른이고, 50대 타이계 여성이다. 타이에서는 이름이 길어 다들 애칭을 지어 부르는데 그의 애칭이 봄이다. 나는 봄을 세 번 만났다. 두 번은 2023년 3월 컴퓨터 모니터를 통해서고 세 번째는 12월 그의 집에서다. 봄은 타이에서 변호사였다. 변호사가 왜 한국 농촌으로 시집왔는지 듣고 싶어 만남을 청했다. 그가 이주여성들은 가난해서 한국에 시집온다는 통념에 균열을 내줄 것 같았다. 봄과 이야기를 나눌수록 곡성 이주여성들의 큰언니 역할을 하는 그의 활동에 매료되었다. 모두의 카페로 열려 있는 그의 공간도 궁금해졌다. 한계를 맞아가는 지구인의 삶을 향해 '그래도 재밌게'를 외치며 작당할

비법을 품고 있는 것 같아 비행기 타고, 기차 타고, 지리산 서쪽 끝자락에 있는 그의 집을 찾았다.

봄은 중고등학교에서 한 학년씩 월반해 열여섯 살에 봉차발릿쿨Vongchavalitkul대학교 법대에 장학금을 받고 들어갔다. 운동에도 진심이라 대학생 유도대회에서 금메달과 은메달을 받았지만 열 살 때 품은 법조인의 꿈을 놓지 않았다. 결국 국가에서 치르는 시험에 합격해 스물한 살에 변호사가 되었다.

그런데 꿈의 실상은 '스트레스 둥지'였다. 타인을 돕는다는 본질은 좋았지만 그 속에 악한 행위를 하는 사람들이 있다는 것이 딜레마였다. 봄이 로펌에서 두각을 나타낼 즈음, 그는 무료 변론 사건을 배당받았다. 마약 사건에 연루된 고등학교 1학년생 변호를 맡았는데, 지독하게 가난한 소년의 아버지가 밤새 기차를 타고 와 봄의 집 앞에서 4시간을 기다려 출근하는 그에게 매달렸다. 봄은 그 어떤 사건보다 열심히 준비했다. 다들 15년 징역형을 예상했으나 소년은 1년 6개월 형을 받았다.

기쁨은 순식간에 휘발했다. 온갖 마약사범이 봄을 찾아왔다. 돈과 권력이 로펌을 압박했고 범죄 조직들도 들이닥쳤다. 봄은 푸껫으로 피신해 2년의 휴식기를 보낸 뒤 돌아왔지만 상황은 고스란히 재연됐다. 변호사보다 틈틈이 나갔던 법대 강사 일이 더 맞는다는 생각이 들었고 또 그림도 그리고 싶었다. 씻어내지 못하고 미뤄둔 마음의 더께가 질퍽거리며 일상을 초라함으로 물들였다. 흔들리는 마음은 기댈곳을 찾기 마련일까? 누군가와 함께하고 싶어졌다.

봄은 타이 남성들이 자신에게 다가온 이유는 그럴싸한 직업을 가진 여성을 옆에 세워두고 싶어서라고 판단했다. 첫 남자친구가 은연중에 내비친 한마디는 태국에서의 결혼을 포기하게 했다. 자기 형이 한곳에 저택 일곱 채를 지어 아내 일곱 명과 행복하게 산다는 자랑이었다. 타이는 공식적으로 일부일처제지만, 부와 권력을 누릴수록 아내를 계속 맞는걸 용인하는 축첩사회다. 영어와 라오스어를 하는 봄은 외국에 살아도 좋겠다고 생각했다. 도시에서 아토피 증상으로 피부과를 들락거렸기에 그는 농촌살이를 동경했다. 소개받은 한국 남성의 인상이 좋았다. 부모님도 사윗감을 마음에 들어 했다. 서른다섯 살 봄은 그렇게 곡성에 당도했다. 봄의 생일이 다가올 때면 섬진강엔 벚꽃비가 내린다.

'당신과 함께할 수 있어 나는 세상에서 가장 행운아입니다I am the luckiest person on Earth to be with you.'

차를 몰고 곡성 읍내에서 봄의 집을 찾아 두리번거리다가

본 어느 집 벽화에 적힌 타이포그래피다. 세련된 포토존이라 생각하며 지나쳤다. 얼마 지나지 않아 내비게이션이 경로를 이탈했다고 반복했다. 차에서 내려 ○○○길 11번지로 걸어가니 바로 그 회색 담 안에 봄이 살고 있었다. 봄이 미술 선생님과 함께 그린 벽화고 직접 지은 문장이란다.

초록 대문 안에는 공을 몰고 우르르 뛰어도 걸리적거릴 장애물 없는 반듯한 마당이 있었다. 아담한 한옥식 집의 유리문을 열자 넓힌 툇마루에서 크리스마스트리가 반짝였다. 그 옆엔 태국 불상이 놓인 책꽂이와 안쪽으로 탁자가 있었는데, 곡성 언니들이 이 탁자에 둘러앉아 유리문 너머로 아이들 노는 모습을 보며 차를 나누겠구나 싶었다. 햇살이 깊숙이 들어왔다.

봄은 금세 곡성사람이 되었다. 시어머니의 친구들과도 스스럼없이 지냈고, 타이에서 온 엄마와는 자매처럼 살가워졌다. 농사짓는 친구의 백일 된 아이를 업고 도서관에 가서 공부도 하고, 때론 차에 보행기를 싣고 나가 종일 있다 오기도 했다. 이주여성들과 가까워질수록 봄의 마음에는 안타까움이 일었다. 고등학교를 졸업하고 바로 시집온 친구들은 사회 경험이 부족해 자신의 의견을 말하는 것에 서툴렀고 나이 차가 큰 남편은 무뚝뚝해 편들어주는 사람이 없어 우울해했다. 특히 마흔 넘긴 아들이 안쓰러워 결혼 주선 회사에

3천만 원을 내고 며느리를 들인 집안에선 선금 주고 데려온 일꾼인 양 대하기도 했다.

그중에서도 시집온 지 10년 넘도록 친정에 가지 못한 베트남계 아이 엄마가 마음에 걸렸다. 하우스 농사를 열 동이나 짓는데 시부모와 아들, 며느리만 일하기에 쉬는 날이 없었다. 봄이 그 시어머니를 찾아갔다. 어른은 살기 빠듯하다며 하소연했고 봄은 자기 친구 이야기를 꺼냈다. 멜론 하우스 농사 세 동 짓는데도 해마다 타이 친정에 다녀온다고. 그리고 친정에 보내지 않을 거라면 월급을 줘서 스스로 준비하게 해달라고 부탁했다. 손주들 엄마니 물건 취급하면 안 된다고 못도 박았다. 그달부터 베트남계 아이 엄마는 월급을 받았고, 아이들은 방학이면 외갓집에서 사랑받고 오는 추억을 갖게 됐다.

우즈베키스탄계 엄마는 시어머니와 다툼이 잦았다. 팔순 시어머니는 어린 손자들 곁에서 담배를 피웠고, 며느리가 항의하면 "내 집"이라며 언성을 높였다. 한국 문화에 훤한 봄은 며느리를 말릴 수밖에 없었다. 노인을 고치려 들지 말라고. 며칠 뒤 새댁이 울면서 전화했다. 집을 나왔는데 남편에겐 방 얻을 돈이 없다고 했다. 봄은 아는 한국인 언니에게 전화를 넣었다. 전셋집을 얻자마자 인천 사는 아들네로 간 언니였다. 새댁의 사정을 호소해, 방세 걱정 없이 전세기한까지 살도록 연결해줬다. 봄은 곡성에 사는 2백여 가구의 식구들 이름, 나이, 아이 학년뿐 아니라 그 집 수저 개수도 안다.

10년 전에는 가방 끌고 잰걸음으로 가는 캄보디아계 친구를 길에서 보고 불러 세웠다. 도망치는 것을 직감했기 때문이다. 스무 살 많은 그의 남편이 술에 취하면 때린다는 걸 알기에 집으로 데려와 재웠다. 봄의 딸 또래인 그의 여섯 살 아들이 눈에 밟혀서다. 부부를 설득해 읍내에 방을 얻어 아내와 아들이 살도록 조정했다. 봄은 아내를 남원에 있는 직장에 취직시켜 농사를 짓느라 벌이가 들쭉날쭉한 그 집의 숨통을 틔워주었다. 남편은 주말이면 읍내에서 지냈고 아들이 열두 살 때 원만히 합의이혼을 했다. 아이는 아빠 집에도 가며 엄마와 안정적으로 산다.

봄을 처음 만났을 때 그는 곡성 가족센터에서 이중언어코치와 상담 일을 10년째 하고 있었다. 출신 나라별 자조모임뿐 아니라 한국인 아버지들의 자조모임 등 다문화 가정을 보살피느라 바쁘면서도 법정과 병원의 통역, 이주노동자들 개인 통역도 무료로 해주고 있었다.

봄은 이주민 동생들에게 두 가지를 당부한다. 첫 번째는 언어다. 아이에게 엄마의 언어를 가르치고, 엄마는 한국어를 배우자고. 엄마와 대화가 막히면 아이는 엄마의 슬픔과 기쁨을 알지 못하기 때문이다. 엄마는 자기가 잘하는 말로 아이와 많이 이야기하면 된다. 특히 다섯 살까지는 돈 벌겠다는 생각을 접고 아이와의 관계에만 몰두하자고 부탁한다. 그리고 엄마는 반드시 3년간 한국어 공부에 매진하라고 조언한다. 말로는 그래야 월급을 더 받는다고 북돋지만 봄의 진심은 아이들이 중학생만 돼도 한국어에 어눌한 엄마를 창피해하는 모습을 많이 본 데 있다. 봄은 친구들의 미래를 지켜주고 싶어 한다.

봄의 두 번째 당부는 '우리 동네 사람'이 되는 것이다. 이웃과 어울리는 삶, 내가 사는 동네의 발전을 모색하는 삶이다. 봄은 마을에 어려운 일이 생길 때마다 군청에 가서 지원을 요구했다. 봄은 말한다.

"나서서 제기하고 맞설 수 있는 사람이 있으면 그 지역엔 돌파구가 생겨요."

봄이 곡성에 온 18년 전만 해도 그곳은 가난한 동네였다. 예산도 적었다. 지금은 복지가 좋은 동네로 꼽힌다. 군민들이 서로 노력한 결과다. 구성원의 요구에 따른 행정 움직임을 눈으로 확인할 수 있는 규모이기에 효율 있게 진전이 이뤄졌다. 10년 전, 내가 사회학자 지그문트 바우만을 만나 대담할 때 그는 자본에 종속된 신자유주의 시대지만 시 단위 규모에 집중해 변화를 강구하자고 말했다. 우리나라로 치면 대도시의 동이나 지방의 읍, 면 단위일 것이다. 이주민과 선주민이 함께 움직여온 곡성이 그 증거이지 않을까 조심스레 생각해봤다.

봄은 2023년 9월 가족센터를 나왔다. 그리고 20대에 바랐던 꿈을 거의 이뤄가고 있다. 어릴 적 장래희망을 법조인에 두었지만, 직업이나 지위가 꿈꾸던 삶의 모습을 제공하지 않는다는 것을 알기까지 오래 걸리지 않았다. 지금 그는 살고 싶던 일상을 산다. 태국어와 영어 통역을 계속하며 올해 곡성으로 들어오는 라오스 노동자의 통역도 맡을 예정이다. 파리에 사는 프랑스인과 로마에 사는 이탈리아인에게 매일 인터넷으로 2시간 동안 태국어를 가르치는 수업도 새로 시작했다. 그와 함께 6개국어를 하겠다는 어릴 적 계획에 천천히 다가가고 있다. 또 수요일과 금요일 저녁에는 캄보디아계와 베트남계 동네 친구들에게 태국어 교실을 무료로 열고 있다. 그들은 봄보다 열 살이나 어린 친구들로 육묘장과 김치공장에서 퇴근하고 와 아이들 저녁을 챙긴 다음 컴퓨터 모니터 앞에 앉는다. 다들 태국 여행을 다녀왔고 태국 드라마를 좋아한다. 그림을 그리고 싶어 한 봄은 일주일에 하루는 자신을 위해 일본계 언니들과 그림 수업을 받고 있다.

봄은 살림이 넉넉하지 않지만 걱정하지 않는다. 쌀이 떨어지면 동네 한국 언니네 쌀독에서 퍼올 수 있고, 돈이 떨어져도 새 밥 지어 반찬 들고 올 친구들이 동네 곳곳에 있다. 봄이 도와온 이웃들이다. **관계 속에서 봄의 안전망은 두터워졌다.**

봄은 아침 6시 반이면 가부좌를 틀고 명상한다. 호흡에 집중하면 생각이 명료해진다. 그의 마음 단속이다. 2023년 8월에는 꽤 힘들었다. 타이에 계신 어머니가 몸져누워서다. 사춘기 딸을 두고 갈 수가 없었다. 코로나-19로 장례에 가지 못한 아버지를 향한 그리움까지 사무쳤다. 평소보다 더 오래 달리고 더 무거운 쇳덩이를 들었다. 땀을 흘리며 마음의 무게를 덜어냈다. 운동, 이 또한 그의 마음 단속이다.

봄은 귀화하지 않고 영주권자로 살아간다. 이 땅에서 외국인 주민으로 당당히 사는 모습을 보이고 싶다고 밝혔다. **무엇이 그를 초라함에 물들지 않게 지켜주는 걸까?**

아살람을
위하여

예멘 난민 출신 셰프인 무함마드 아민 씨가 후무스를 만들고, 제주 출신 국악인인 하민경 씨가 그걸 식탁 위로 가져왔다. 상 위에 꽃 한 접시가 피었다. 후무스는 중동과 지중해를 대표하는 음식으로 아랍어로 '병아리콩'이라는 단어이기도 하다. 이집트의 기록에 나타난 지 800년이 흘렀고 지금은 칩과 크래커, 채소를 찍어 먹거나 빵에 발라 먹는 지구인의 쌈장이 되어가고 있다. 민경과 아민의 후무스는 유독 고소하다.

2018년 제주도로 온 예멘 난민 500여 명이 안녕히 지내는지 궁금하던 차에 제주에 사는 친구가 민경 씨 이야기를 했다. 당시 난민들이 한뎃잠을 자는 사정을 페이스북에서 본

민경 씨가 자신의 연습실을 제공했단다. 30평 남짓한 피난처에서는 난민 30여 명이 들고 나며 생활했고, 그 수에 버금가게 취재진이 진을 쳤다. 연습실은 작은 마을이 되었다. 민경 씨는 그 마을의 아가씨 촌장 같았다. 촌장은 취재진에게도 그 공간에 머무는 동안 마을의 일원으로 생활하자며 할 일을 주었다. 기자들은 빗자루라도 들어야 했다. 마치 농활(농촌학생연대활동)에 나선 대학생들이 밭에서 고구마순을 심으며 농부와 이야기 나누듯 취재진이 아닌 이웃으로 있도록 했다. 영 뻘쭘해하는 이들에겐 아이들에게 한글을 가르치라는 임무를 부여했다. 민경 씨는 밥을 해 먹고 돌아서면 또 끼니 준비를 해야 하는, 삼시 세끼 버티고 있는 생활공간에서 고향을 떠나온 난민들이 집처럼 있길 바랐다. 그런 민경 씨의 마음 씀씀이는 결과적으로 기자들에게까지 혜택이 돌아갔다. 머리로 알던 난민 개념으로 취재에 나선 그들에게 취재 매뉴얼은 해오던 그 방식이었을 것이다. 왜 왔는지, 난민이 맞는지, 문화적 파장이 어떠할지, 경제적 득실은 무엇인지, 치안과 국가적 부담은 어떨지 등 재해 취재 매뉴얼과 다름없는. 그 속에서 난민은 '다름'을 부각해야 하는 경쟁 속 보도 상품이 된다. 하지만 같이 청소하고 앉을 자리를 걸레로 훔치고 마주하는 시간은 결이 다르다. 한 사람과 한 사람이 실제 삶을 이야기할 수 있다.

과연 난민은 우리에게 지극히 먼 존재일까? 예멘 난민 수백 명이 집단적으로 들어오고 한 달 뒤부터 온갖 부정적 여론이 들끓었다. 후티 반군의 강제 징집을 피해 탈출한 청년 남성이 다수인 이들을 겨냥해 '잠재적 강간범' '극우 이슬람 테러리스트'라는 낙인을 찍었다. 또 청와대 국민청원 게시판에 난민 수용 반대 의견이 올라오더니 5일 만에 22만 명 이상이 서명했다. 반면 난민이란 단어 앞에 '피' 자를 붙인 피난민은 우리에게 아주 익숙한 단어라며 인도적 마음을 내자고 이끄는 여론이 커졌다. 민경 씨 피난처로도 후원 물품이 이어졌다. 민경 씨는 내게 "저는 열쇠로 문을 여는 가장 쉬운 일만 했어요. 3개월 동안 아이들과 춤추며 놀았어요"라고 말했다. 그는 함께 춤춘 아이에게 엄마가 있는지 없는지 알지 못한다고 했다. 누구의 사연도 묻지 않았다.

당시 나는 보도를 접하면서 우리 동네의 일을 떠올렸다. 그보다 두 해 전, 내가 사는 캘리포니아주 새크라멘토에도 시리아 난민 50명이 한꺼번에 들어왔다. 그 한 해 동안 인구 52만 명이 사는 도시에 시리아 난민만 370명이 왔고, 새크라멘토 카운티(군)로 넓히면 리비아, 소말리아, 수단, 예멘 난민까지 3,261명이 정착했다. 그러던 어느 날 큰아이 친구인 레바논계 해이다의 엄마 라나가 내게 초등학생인 자신의 막내를 학교에서 데려와 함께 있어달라고 부탁했다. 자신은 큰애 중학교에서 교육청 소속 통역사가 올 때까지 아랍어 통역을 해줘야 한다고 했다. 시리아 난민 소년이 전학 온 첫 날은 7학년(중학교 1학년)인 해이다가 급히 불려가 도왔지만, 등록 양식이나 학생 의료보험 등을 설명하기엔 역부족이어서 라나가 나선 것이다. 내게는 1980년대 중반 소련 침공을 피해 아프가니스탄에서 미국으로 온 친구 미리엄이 있었기에 내 나름대로 난민을 깊이 이해한다고 생각했다. 그런데 뜨끔한 일이 생겼다.

대학입시 합격 발표가 날 즈음, 큰아이가 대학 측에 써낸 자기소개서를 읽어보았다. 아들은 한국계임을 밝히며 외할머니와 외할아버지를 'North Korean refugee(북한 난민)'라고 적어놓았다. '아! 내가 난민 2세인가? 탈북민은 난민이라고 정의할 테지만 우리 부모님도?' 곱씹을수록 아들의 서술은 틀리지 않았다. 그럼에도 낯설었다. 그 표현을 스가 아스코의 수필에서도 발견했다. 1958년 로마로 유학 간 작가는 기숙사에서 만난 한국인의 말을 옮기며 '북쪽에서 들어온 난민'이라고 적었는데, 일본어로도 난민인 것이다.

나는 '실향민'이라는 무해한 이름을 어떻게 얻었는지 궁금해졌다. 성가신 위협을 느꼈기에 '38따라지'라고도 불렸을 텐데, 산업화를 추구하며 농촌 이탈을 장려한 것처럼 실향이라는 이름 아래 재건 인력으로 통합하고자 하는 대세가 있었던 걸까? "고향이 그리워도 못 가는 신세"로 시작하는 가요 〈꿈에 본 내 고향〉이 1954년에 나와 한 세대를 풍미하고 해 저물듯 사위어갔듯, 그 시간을 살아내야 이웃으로 자리 잡는 것일까? 내가 세상 물정을 알아가던 1980년대 말에는 전라도 혐오가 기승을 부렸고, 영호남 갈등 구조가 곧 정치 세력 구도였다. 지금은 이 또한 사위었다. 이제 정치권은 또 다른 탓을 입에 물었다. '저들이 내 일터를 빼앗고 세금과 건강보험을 축낸다'라는 수사다. 그들은 이주민을 '저들' 속으로 내몰고 있다. 저들도 소비자로 간접세뿐 아니라 소득세를 내고 건강보험 테두리 안에 있다. 이주노동자 대다수가 젊기에 오직 저들만이 받는 혜택보다 내는 건강보험료가 더 많다는 통계가 있는데 이런 사실은 외면받는다. 그 속에서 이득을 취하는 세력은 누구일까? 저들도 우리의 생산과 소비를 함께 지탱하는데, 나부끼는 깃발에 휘둘려 혐오 감정을 끌어올리는 우리는 누구의 삶을 갉아먹고 있는 것일까?

2018년 제주도로 들어온 예멘인 중 484명이 난민 신청을 했고, 지금까지 세 명만 난민을 인정받았다. 그리고 325명이 인도적 체류 허가라는 불안정한 위치에서 거주하고 있다. 이들은 교육 수준에 상관없이 원주민이 기피하는 업종에서 일한다. 낮은 급료, 반복적인 단순노동, 멸시와 편견에다 나아질 미래조차 보이지 않아 우울증을 호소하는 이가 늘고 있다. 젊은 육체가 언제까지 정신을 부여잡고 평정심을 유지할 수 있을까? 난민 신청을 철회하고 독일로 떠난 이의 소식을 들어보면 독일은 언어와 기술 교육을 제공해 계층 이동 사다리를 밟도록 안내한다. 젊은 노동력을 활용하는 독일식 경제 진흥책이다. 전쟁뿐 아니라 경제적 이유, 기후 위기로 대규모 이주가 시작된 지 30년이 흘렀다. 1992년 북미자유무역협정 체결 뒤 멕시코 농민은 미국으로 몰려갔고, 아프리카 사하라사막 이남은 연이은 가뭄과 열파로 농작물이 말라 죽으면서 비어가고 있다. 유엔난민기구는 2050년까지 전 세계적으로 2억 명 넘는 기후난민이 나올 것이라고 예측한다.

나는 이주 속도가 가속하고 있는 오늘, 갈등을 해소하는 평화 작동법을 아민과 민경의 일상에서 보았다. 그것은 결혼해서 잘 사는 법이자 친구랑 잘 지내는 법도 되는 모두가 활용할 만한 관계의 묘책이다. 그들을 제주시 탑동에 있는 예멘 음식점 '아살람'에서 만났는데, 아살람은 아랍어로 '평화'라는 뜻이고, 민경과 아민이 그곳의 주인이다. 2019년 봄, 사모관대를 차려입은 아민과 족두리에 활옷을 입은 민경은 제주 향교에서 혼례를 올렸다.

예멘인 남편과 한국인 아내가 어떤 마음으로 살아가는지 듣고 싶어 찾아갔기에 나는 민경 씨에게 어깃장 놓는 질문부터 했다. 마음은 좋을 때도 보이지만, 불편할 때나 싫을 때도 그동안 사라진 줄 알았던 엉킨 감정까지 훅 드러난다. 그래서 나는 "결혼해서 참 좋다"라는 민경 씨에게 싸운 적이 없느냐고 물었다. 한 번도 싸우지 않았다고 했다. 아직 콩깍지가 씌어 있어서가 아니라 남편이 싸움을 모르는 사람이라서라고 했다. 먹고 싶은 음식이 다를 때도 "그럼 둘 다 시키자!"라고 하는 사람이라고. 아민 씨는 쉬이 흑백논리에서 벗어난다. 언어 장벽이 있어서 언쟁을 포기하는 건 아니냐고도 물었지만, 초등 영어에 한국어와 아랍어가 섞이는 대화일지라도 말이 정말 잘 통한다고 했다. 그리고 덧붙였다.

"제게는 한국사람 중에 대화가 안 돼서 힘든 사람이 진짜 많았어요."

아살람에는 한쪽 다리에 장애가 있는 강아지가 있다. 이름이 제니다. 산책시켜 주겠다며 매일 제니를 보러 들르는 이웃도 있다. 민경 씨가 개를 키우고 싶다고 했을 때, 아민 씨는 풀 죽은 목소리로 말했다.

"알라께서 개는 야생 동물이니 집 안에서는 키울 수 없다고 하셨어. 고양이는 안 될까?"

민경 씨에게는 고양이 알레르기가 있다. 민경 씨는 집 잃은 개가 길에서 살면 차에 치일 수 있으니 융통성 있게 생각해달라 부탁했고, 아민 씨가 생각하는 사이 유기견보호소에서 제니를 임시 보호로 데려왔다. 독실한 이슬람교도인 아민 씨는 새벽부터 하루 다섯 번 올리는 기도를 하루도 거르지 않는다. 그런 그가 요즘 제니와 뽀뽀한다. 알라께서 개의 침을 묻히지 말라 하셨거늘.

민경 씨에게 계획을 물었다. 계획하기보다 자연스레 사는 편인데, 굳이 계획한다면 최대한 걱정하지 않고 사는 것이라는 답이 돌아왔다. 요즘 그런 그녀를 사로잡은 계획이 하나 있다. 아이를 낳는 것이다. 시험관 시술을 시도했고 실패를 반복하며 몇 달 포기하기도 했지만, 내일 상담하러 서울 병원에 간다고 했다. 아민 씨는 "전쟁 중인 국가에 홀로 남은 아이가 많으니, 우리가 키우자"라며 민경 씨에게 다른 길도 제시했다. 나는 차별당할 수도 있는데 괜찮겠느냐고 물었다. 민경 씨가 환하게 답했다.

"여기 예멘 애들 모두 학교에 잘 다니고 있어요. 북초등학교에서는 이번에 전교 회장도 됐는걸요. 공부를 떠나 사회성이 굉장히 좋다는 거잖아요. 그래서 걱정하지 않아요."

대화를 마칠 즈음 한 남성이 들어와 밀크티 두 잔을 주문했다. 그리고 아민을 찾았다. 고향 사람을 만나고파 온 이였다. 계산대 옆에는 예멘 난민들이 파는 제품과 유기견 단체를 후원하는 함이 놓여 있다. 그중 한 문구에 눈길이 머물렀다.

"예멘 난민 소녀 '나디아'는 네 명의 어린 동생을 돌보며 다른 사람들의 도움 없이 자립하는 방법을 배우고 있습니다. '나디아의 가방 Hand Made'."

나디아의 아살람을 빌며 조금 보태고 그곳을 나왔다. 오후의 볕이 담벼락을 오르고 있었다.

당신의 존재를
환대함

서울 용산구 이태원동 우사단길 고갯마루에 바라카작은 도서관이 있다. 그 네모난 이층집 외벽이 정남에 이른 태양빛을 받아 연노랗게 될 때, 나는 햇빛 가득한 2층 방에서 아랍어 선생님을 인터뷰하고 있었다. 자리를 마무리할 즈음 방문 너머로 왁자함이 전해졌다. 그제야 보광초등학교 겨울 방학식 날인 것이 생각났다. 어쩐지 그 전주에 왔을 때와는 달리 오전인데도 한국인 선생님들과 엄마들이 북적였다. 학교가 일찍 파하기에 여느 때와 다르게 간식이 아니라 점심을 차리느라 서둘렀던 것이다.

거실로 나오자 갈색 곱슬머리를 하나로 올려 묶은 두 소녀가 커다란 눈망울을 생글거리며 달려왔다.

"안녕하세요. 몇 살이세요?"

절대 순수의 명령에 무의식이 먼저 조복한 듯 내 입에서 답이 쏟아졌다.

"쉰한 살인데요."

"어머나! 정직한 어른이네요. 다른 어른들은 그냥 백 살이라고 하는데 참 착하네요."

'그렇지. 어른들은 고분고분하면 착하다 하니, 나도 이 아이들한테 착한 어른이 된 것이지.'

나도 물었다.

"몇 살이에요?"

소녀들이 외쳤다.

"아홉 살이에요."

첫 만남에 마음의 문을 활짝 열어젖힌 환희의 합창이랄까?

2012년, 김기학 목사와 아내 이현경은 이집트를 떠나 한국으로 돌아왔다. '아랍의 봄(2010년 12월 튀니지에서 시작돼 아랍, 중동 국가, 북아프리카로 확산된 반정부 시위)' 여파였다. 40년 동안 철권통치를 한 독재정권이 들불처럼 일어난 시민 항쟁으로 무너지고, 그 자리에 일어선 민선 정부가 다시 시민의 민주주의 열망을 무시하면서 저항이 계속됐다. 갈피를 못잡은 이집트 사회는 그들을 귀국길에 오르게 했다(결국 이집트는 쿠데타를 일으킨 군부가 장악했다). 꼬박 10년 만이다. 한국이슬람연구소에서 일한 현경이 영국 런던에서 이슬람학 석사학위를 받는 동안 기학은 신학 공부를 이어가며 종교 간 대화에 나섰다. 이슬람교 또한 세상 모든 이를 귀히 섬기자는 자신의 가치와 맞닿아 있음을 느낀 기학은 현경과 이집트 알렉산드리아로 옮겨 무슬림들이 세운 심장병 어린이 지원단체에서 활동을 이어갔다.

7년의 이집트 활동을 접고 한국에 온 기학과 현경은 다시 이슬람계 이주민들 곁에서 짐을 풀었다. 그들은 한국 문화에 낯설고 미처 공동체를 이루지 못한 이집트, 예멘, 모로코, 아프가니스탄 등에서 온 사람들로 대부분 난민이었다. 이태원에 산다. 재개발 예정지라 세입자가 떠난 빈방을 주인이 싼값에 방치하듯 세놓았기에 모여들었다. 기학과 현경은 그들의 이태원 거처 한복판에 이주민 가정 지원센터를 열었다.

이집트 난민은 아랍의 봄 때 반정부 시위하다 군부 집권 후 탈출한 사람과 생활고로 떠나온 사람이 섞여 있다. 모로코인은 모두 먹고살 길을 찾아온 사람들이다. 신자유주의가 만든 경제난민 행렬이 꼭 중남미에서 북미로, 사하라사막 이남에서 올라와 스페인령 세우타로, 면도날 박힌 철망에 몸을 던지며 유럽으로 가려는 행렬만은 아니다. 모로코에서는 대학을 졸업해도 취직할 곳이 없다. 특히 대졸 여성은 80퍼센트가 무직이다. 이들 가운데 일부가 한국에 와 난민 신청을 하고 6개월마다 임시 비자를 갱신하며 의료보험 없이 하루 벌어 하루를 산다. 엄마와 어린아이는 온종일 반지하에 틀어박혀 있다.

2018년 봄, 예멘에서 피난 온 자밀라(가명) 가족이 기학을 찾아왔다. 당장 그날 밤 몸을 누일 곳을 구했다. 이태원 일대 방들을 속속들이 꿰고 있는 기학은 이들을 센터 사랑방에 재우고 일주일 만에 살림집으로 옮겨줬다. 문제는 자밀라였다. 초등학교에 가야 하는데 한글은커녕 한국말을 한마디도 하지 못했다. 현경이 옆에 끼고 가르쳤다. 석 달 만에 학교에 입학했다. 소문은 금방 퍼졌다. 이집트, 이라크, 예멘에서 온 여섯 아이가 엄마 손을 붙들고 쭈뼛쭈뼛 현경을 바라봤다. 그렇게 한국어 교실을 시작했다. 그해 7월 이주민 엄마와 아이, 여성을 위한 바라카작은도서관이 탄생했다.

이태원 일대 초등학교에서는 선주민 가정과 이주민 가정의 골이 깊어진 지 꽤 되었다. 아이들의 학력 차뿐 아니라 부모들의 교육열도 온도 차가 컸기 때문이다. 언어 장벽만 문제는 아니었다. 한 반의 모든 아이가 이해한 다음 진도를 넘어가는 일은 내가 학교에 다니던, 그러니까 과외를 금지하던 40여 년 전에도 없었다. 그럼에도 교사들 중에는 아이의 가방에 일일이 가정통신문을 넣어주며 신경 쓰는 이도 있었는데, 다음 날 보면 손댄 흔적 없이 고스란히 있다고 부모의 무관심에 고개를 저었다. 기학과 현경은 학교마다 찾아가 아랍어나 영어가 필요하면 사소한 문제라도 언제든 연락해 달라고 간청하고 있다. 지각이나 결석, 아이들 사이의 다툼도 한국어로 설명하면 쉽게 넘어갈 일들이 문제아로 낙인찍히도록 불거질 때가 잦아서다.

처음 바라카를 찾은 2022년 12월 초, 오후 1시가 지나자 현경이 보광초등학교 아랍어 보조 교사 일을 마치고 퇴근했다. 그는 손을 씻자마자 바로 냄비를 불에 올리고 도마를 꺼내 채소를 썰며 음식을 만들기 시작했다. 곧 있으면 아이들이 온다며 종종거렸다. 문득, '공부방은 모두의 집이구나'라는 생각이 들었다. 도서관이 모두의 서재이고 공원이 모두의 뜰이듯, 동네에 바라카 같은 곳이 있으면 옹색하게 살더라도 아이들은 공부방에서 간식과 엄마 같은 선생님들의 보살핌을 받겠다 싶었다.

자밀라는 1년 반 동안 바라카에서 오후와 주말을 보내며 우등생이 된 자신감을 안고 떠났다. 아빠가 인천 공장에서 일자리를 잡았기 때문이다. 그즈음 바라카에도 변화가 있었다. 고학년이 늘면서 엄마, 아빠의 염려를 덜고자 바로 옆 건물 2층에 여학생을 위한 도서관 보아스센터를 따로 열었다.

그리고 코로나-19가 찾아왔다. 두 도서관은 밤늦도록 불을 밝혔다. 학교 수업이 온라인으로 바뀌면서 바라카 중고생 중에는 수업을 듣지 못하는 아이들이 생겼는데, 집에 인터넷이 없거나 있어도 어린 동생들이 한방에서 북적거렸기 때문이다. 기학과 현경은 이들이 학교 수업을 듣도록 방을 내주었다. 자연스레 아이들의 성적을 알게 됐다. 심각했다. 초등학생 때 와서 6개월 만에 한국어를 익힌 아이들이다. 그래서 부모의 입이 되어 출입국관리소, 주민센터, 은행 등에 따라가야 했다. 학교를 제대로 다닐 수가 없었다. 그 아이들에게 초등학교 때부터 뒤처진 학업을 만회할 행운은 어떤 형태로도 찾아오지 않았다. 바라카 선생님들은 야학을 열기로 결심했다.

2023년 봄 바라카 맏이들인 스물두 살, 스무 살 여학생이 경희대학교와 성균관대학교에 입학했다. 스승과 제자 모두 무지무지 고생한 2년이라고 숨을 크게 내쉰다. 그렇게 다섯 명으로 시작한 야학에 지금 열 명이 온다.

바라카 식구들이 사는 우사단길 주변을 둘러보았다. 보광초등학교를 끼고 언덕을 올라가면 이슬람사원 아래 큰 골목까지 구석구석 샛길을 따라서 집이 집을 기대어 이어진다.

계단인가 싶어 오르면 골목이고, 지하실인가 싶어 머뭇머뭇 내려가면 또 골목이다. 이슬람사원 앞에서 기학을 만나 안내를 받고서야 이주민 가정지원센터 사랑방에 들어갈 수 있었다. 문을 열자 눈이 시원해졌다. 푸른 벽 장식이 터키블루가 지중해 색이라는 것을 기억하게 했다. 매일 사랑방에 들른다는 아랍 할아버지가 건넨 커피잔을 받고 비잔틴 문명의 후예가 즐기는 일상의 품격을 깨우쳤다. 나는 그들의 궁핍만 보며 유구하고 아름다운 이슬람 문화를 놓치고 있었다. 떠나올 때 고르고 골라 넣었을 세간일 텐데.

사랑방에서 나오니 눈이 펑펑 쏟아졌다. 학교에서 돌아온 바라카 소년들이 눈삽을 밀며 보도를 달리는데, 바로 옆 허름한 유리문 안에서는 서너 살 아이들이 눈을 받아먹으려고 혀를 날름거렸다. 급기야는 유리문을 핥았다. 기학이 아이들을 살살 떼어냈고 아이 엄마가 달려와 입을 닦았다. 유리문 안은 커다란 부엌이었다. 어른 여남은 명이 나이 지긋한 한국인 여성 봉사자의 지휘에 따라 함께 대파를 다듬으며 밀키트를 만들었다. '이태원 라볶이'. 바라카 엄마들이 아이와 함께 머물며 직업훈련 겸 수입을 얻도록 바라카에서 만든 사회적기업이다. 1년 뒤 다시 갔을 때는 어수선함이 잦아들었다. 무엇보다 아장거리던 아이들이 보이지 않았다. 그새 쑥쑥 자라 어린이집에 갔다고 했다. 난민 자녀는 보육 지원

대상이 아니다. 다행히 외부 구호단체의 지원을 끌어오고 바라카 후원자들이 네 아이의 보육비를 감당하면서 여덟 아이가 또래 사회 속에서 자라게 됐다. 뿌듯했다. 하지만 차분해진 공간에 왠지 모를 근심이 깃든 느낌이었다. 아이를 품에 안은 히잡 두른 엄마가 대여섯 살 된 사내아이를 옆에 앉히고 기학에게 하소연하고 있었다.

바라카 식구 중 반이 보금자리를 떠나느라 짐을 챙기는 상황이다. 이들은 이슬람사원 아래 한남 3구역 재개발 지역에 사는 가족들로 5개월 안에(2024년 5월까지) 퇴거해야 한다. 기학은 지난주에도 아프가니스탄에서 온 세 아이 아빠를 경기 남양주 마석으로 데려가 둘러보도록 했다. 그날 새벽 4시에 집을 나온 그 아빠는 6시 반에 곤지암 인력사무실에 도착해 운 좋게 반나절짜리 일을 잡아서 하고, 다시 이태원으로 돌아와 기학과 함께 마석을 찾았다. 돌아오는 길 전철역에서 그 아빠가 바닥에 주저앉았다. 종일 굶었던 것이다.

2021년까지 그는 주한 아프가니스탄 대사관 직원이었다. 탈레반에게 아버지를 잃고 보육원에서 자랐지만 카불대학교를 나와 영어에 능통한 재원인데, 탈레반 재집권으로 난민이 되었다. 그와 같은 처지인 아빠가 세 명 더 있다. 기학은 당장 떠나야 하는 한남 3구역 식구들에게 마석, 의정부, 포천 일대를 보여주고 있다. 공단이 있고 이주민이 살아 혐오가 덜하기에 안내한다. 그러나 부모들은 바라카가 어디로 갈 것인지부터 정해달라고 성화다. 그곳에 먼저 가 있겠다고. 바라카는 한남 2구역에 속해 2025년 여름까지 기한이 남아 있는 데다 아직 정해진 게 없어 답하기 어려운 처지다. 당장은 바라카와 비슷한 활동을 하는 곳을 연결해주고자 애쓰고 있을 따름이다.

기학과 현경은 도약을 설계한다. 자연 가까이에서 편견과 자본주의의 영향을 덜 받으며 선주민과 어우러지는 생태 마을을 이루고자 한다. 바라카 식구들은 공단으로 가도 이태원에서 텔레비전으로만 자연과 세상을 보던 그 쓸쓸함을 또 겪을 터다. 바라카의 사춘기 아이들은 남들이 하는 옷, 여행지, 맛집 자랑을 들을 때면 풀 죽었다. 기학과 현경은 2년 전에 쌈짓돈을 털어 경기도 포천에 밭을 샀다. 흙을 밟고 먼 산을 보며 시야를 틔워 사각 스크린이 아닌 실제 세상에서 살도록 모두의 주말농장을 마련했다. 감자 농사를 함께 지어 나눠 먹었다. 훗날 바라카작은도서관이 자연 속 오아시스이길 바란다.

"저는 바라카에서 모든 사람을 존중하는 마음을 배웠어요. 이 공간을 오가는 이들은 서로를 환대합니다. 그 누구도 상대의 다름을 평가하려 하지 않고 서로를 도와요. 조건 없는 사랑, 바로 바라카를 채우는 에너지입니다. 이 에너지는 바라카를 경험한 모두의 태도를 타고 사회로 흘러가고 있어요."

아프가니스탄 출신으로 영어를 가르치는 자하라 선생님의 말이다. 자신은 바라카에서 타인과의 거리감을 덜어내게 되었는데, 봉사하러 왔던 수많은 한국인도 같은 고백을 한다고 전했다. 사랑, 기쁨, 연민도 사나움처럼 미처 알아차리지 못하는 사이에 전염된다. 마음은 상호작용하기 때문이다. 바라카는 '축복'이라는 뜻의 아랍어다.

존엄을 구성하는
누구나의 예술

영화 〈빠마〉에서 니샤를 보았다. 한국 농촌으로 시집온 방글라데시 여성이 자신을 잃지 않고 적응하려는 내용이다.

새댁은 아침이면 자전거를 타고 한국어를 배우러 가족센터에 간다. 시어머니는 아이 갖기를 채근한다. 분위기를 풀어보려고 고기를 사 들고 온 남편. 평상에 둘러앉아 삼겹살을 굽고는 따로 작은 불판에 무슬림 아내를 위해 소고기를 올린다. 어머니의 호통이 날아든다.

"이게 무슨 한 식구 밥상이냐!"

며칠 뒤 새댁의 긴 머리칼은 시어머니의 성화에 못 이겨 '아줌마 파마' 머리가 된다. 영화 〈빠마〉는 그렇게 고조된다.

민주노총 강당에서 열린 '세계 이주노동자의 날 기념대회'에서 주인공 니샤를 만났다. 특별 공연인 〈나의 비자〉에 출연하러 왔단다. 2023년 12월 17일이었다.

니샤는 방글라데시 수도 다카에서 학교에 다니며 극단 활동을 했다. 유학을 하고 싶었지만 부모님이 반대해 일단 돈을 벌어 오겠다는 말로 허락을 받아 한국에 왔다. 수원에 있는 닭 가공공장에 배치됐다. 창고가 숙소였다. 남녀를 한데 넣었다. 니샤는 이주노동자노동조합을 찾았고, 수석부위원장 섹 알 마문과 상담했다. 마문은 영화감독으로 이주민과 선주민 예술가들이 함께하는 아시아미디어컬처팩토리Asia Media Culture Factory(이하 AMC) 활동가다. 곧 니샤도 AMC 식구가 되었다. 영화 〈빠마〉의 시작은 어쩌면 거기서부터였을지 모른다.

이주노동 계약이 끝날 즈음 니샤는 한국 대학에 입학할 준비를 거의 마쳤다. 그토록 원하던 곳에 다다르는 마지막 문턱이었다. 그러나 니샤는 방글라데시로 돌아가야 했다. 모든 이주노동자는 기한이 되면 본국으로 돌아가야 한다. 유학비자로 변경해도 예외가 될 수 없었다. 방글라데시로 떠나기 전 마문과 마주한 니샤는 머리를 빡빡 깎겠다고 말했다. 부모님이 결혼시키려 해도 신랑감이 달아날 거라며 야물게 입을 다물었다. 가부장제 속 여성의 굴레가 참으로 보

편적이라는 생각이 든 마문은 니샤에게 영화에서 깎자고 제
안했다. 그렇게 〈빠마〉가 탄생했다.

지금 니샤는 수도권의 한 대학에서 국제관계학을 공부한
다. 니샤는 AMC를 '엄마의 미소'라고 표현했다. 다카에서
학교에 다닐 때, 주말에 시외버스를 타고 집에 오면 마을 어
귀까지 달려 나와 "니샤, 왔구나!" 하고 노래 부르듯 반기던
엄마 같다고 미소 지었다.

니샤가 참가한 연극 앤 퍼포먼스 〈나의 비자〉는 2023년
가을, 열두 돌을 맞은 AMC가 주최한 서울이주민예술제의
폐막 작품이다. 비자 종류가 시민 등급처럼 낙인을 찍는 이
주민의 현실을 드러냈다. 비자 유지를 위해 속박받는 삶을
사는 이주노동자, 번듯한 직장인 한국 남성과 결혼했다고
인권침해인지 행정절차인지 모를 밤중에 집에 들이닥치는
검문을 받는 아시아계 여성 등을 보여준다. 무대는 음악과
빛과 춤으로 약동했다. 이주노동자, 이주예술가, 유학생, 선
주민 예술가 열다섯 명이 5개월여 동안 준비한 창작극이다.
비행기 좌석 등급처럼 칸칸이 등급으로 분리되어 가는 21세
기 지구인의 삶일 수 있다.

연출과 안무는 선주민 현대무용가 길서영이 맡았는데, 그
는 배우들의 감정을 애써 퍼 올릴 필요가 없었다고 말했다.

전문예술인들이 내용 생산을 고민하며 바깥을 주시한다면 이주민들은 삶 자체가 사회에 고하는 언어이기에 오히려 동료인 자기에게 생각을 길어낼 기회를 더해줬다고 회상했다. 서영이 한 친구에 관해 말을 꺼냈다. 일요일 새벽마다 자전거로 10킬로미터를 달려 경기도 여주 버스터미널에서 첫차를 타고 영등포구 문래동 AMC로 왔던 시믈 일리야스다. 그도 문래역 7번 출구로 나오면 '우리 동네에 왔구나!' 하고 안도했을 텐데 본국으로 돌아가야만 했다. 쉬는 날 쉬지 않고 나다녔다며 사용주가 계약 연장 약속을 파기해서다. 그는 AMC의 창작극 〈우리 동네 식당〉의 주연배우였다. 마음과 발길이 모이면 기운찬 일이 꾸려지고 감정과 밥을 나누는 마을이 되는 것 같다. AMC가 그렇다.

AMC는 다큐멘터리 감독 정소희와 마붑 알엄이 의기투합하면서 시작됐다. 이주노동자 출신 예술가들과 뮤직비디오를 만들고 미디어 교육을 열며 2년쯤 지났을 때, 아름다운재단에서 한 단체를 뽑아 비영리단체로 자리 잡도록 3년간 지원한다는 소식을 들었다. 그들은 지원했고 선정되었다. 2012년 소희와 친구들은 드디어 공간을 마련했다. 프리포트Freeport라 이름 지었다. 이주민이 처음 마주하는 공간은 공항이나 항구이기에 자유로운 포트를 만들자, 전원을 꽂는 곳도 포트니 다양한 포트를 꽂는 플랫폼이 되자는 의지를 담았다. 그리고 인테리어를 좀 알고 도와줄 사람을 물색했다. 마붑은 마문에게 연락했다. 그는 2003년 이주노동자 권익을 위해 함께 싸운 친구로 한국인 여성과 결혼해 평범하게 살고 있다고 생각했다. 그렇지만 마문은 공장보다 의미 있는 일을 하라는 아내의 준엄한 당부에 사표를 내고 고민하고 있던 터였다. 마문이 합류했다. 그는 지금 소희와 함께 AMC의 활동을 떠받치는 예술가다.

소희는 공간을 마련하고 나서야 그 필요성을 더 깊이 느꼈다. 특히 이주민에게는 눈치 보지 않는 공간이 중요했다. 초단편 영화를 만들도록 미디어 워크숍을 이끌고 두 작품을 뽑아 상패를 줬는데, 수상자인 나임과 라쉐드는 상패를 집에 가져가지 않았다. 둘 다 이주노동자였다. 궁금함을 못 참고 물어보니 놓을 자리가 없어서란다. 그들이 창작자로 존재할 수 있는 공간은 오직 프리포트뿐이었던 것이다. 이주노동자들은 회사 기숙사는 그냥 기숙사고 AMC가 진짜 집이라고 말한다.

나임이 만든 작품은 〈엄마의 편지〉다. 주인공이 가만히 있는데 프레임 밖에서 자꾸만 쪽지가 날아든다. 밥 먹어라, 외투 챙겨라. 밥통을 열면 거기에도 쪽지가 있다. 엄마의 쪽지다. 그리운 잔소리. 라쉐드는 아내를 그리는 마음을 담았다.

결국 일상의 부조리들이 아무리 괴로워도 첫 영화에 오롯이 담을 그것은 사랑의 변주인가 보다.

AMC의 슬로건은 '예술을 원하는 우리'다. 한 해 두 해 관계가 쌓이면서 자연스레 탄생한 그들을 설명하는 표어다. 모든 서술과 수사를 떨어뜨리고 남겨진, 그들이 그곳에 있어야 하는 단단한 이유 말이다. '나는 누구인가?' 답을 찾고자 쓰고 지우고 소비한 단어들이 누구나의 가슴에 수북이 쌓여 있는 것처럼, 그 고갱이가 남겨지도록 프리포트를 오간 수많은 사람이 얼마나 많은 생각으로 자신을 찾고 설명하려 했을까? 나는 AMC의 슬로건에서 누구나 원할 수 있고 아무나 원해왔기에 예술이 아직 살아 있음을 확인한다. 돈의 논리와 무시에 꺾이지 않는 순정한 기개를 느낀다.

12년 동안 다큐멘터리와 극영화를 발표해오고 있는 마문 감독에게 물었다.

"예술에 힘이 있나요?"

"사람은 자기를 정확히 표현할 때 해방감을 느끼고 자신감이 생긴다고 생각해요. 예술에서 표현할 수 있는 방법이 생깁니다. 2012년 아내가 이혼하자고 했어요. 제가 가구공장 공장장이었고 월급도 꽤 받는데 '당신에겐 자신을 생각할 수 있는 공간이 없어. 생각하는 공간이 단 하나고 그 안에 공장만 있어'라고 하더군요. 저는 '사람 안에 공간이 몇 개 있

어야 하나? 공간은 하나 아닌가? 마음은 하나잖아.' 이렇게
생각했어요. 예술을 하면서 내 안에 공간이 많아지는 걸 알
았습니다. 한 공간에서 사람에 대해 생각하고, 다른 공간에
서 아내를 생각하고, 또 다른 공간에서 이주노조에 대해 생
각하는 저를 마주했습니다. 전에는 다 한 공간에 섞여 있었
어요. 그래서 아내를 좋아한다고 말할 때도 공장 이야기를
한 것이죠. 사람 속에 주머니가 늘수록 생각과 표현이 다양
해집니다. 슬픔을 느낄 때, 내 안의 어느 주머니에서 생각을
꺼내 극복할 수 있고 또 다른 사람한테 나눠줄 수도 있어요.
저는 우리 사회가 사람들에게 예술을 누릴 권리를 채워줘야
한다고 생각해요."

　예술은 마음을 담아내는 시간 같다.

　도공들이 만든 무수한 그릇 가운데 어떤 그릇은 예술이
라 일컬어진다. 만든 이의 마음이 담겨 칭송받는 것일 터다.
AMC에서는 자기 이야기를 담도록 이끈다. 그러려면 자신
의 마음을 알아야 하니 생각할 수밖에. 그 시간이 곧 주머니
를 잣는 시간 아닐까? 내 모멸감을 이해하려면 그 상황 속에
서 힘을 발휘한 온갖 사고를 헤집어야 한다. 우리는 무리 속
에서 살기에 타인과 엮여 있다. 자연스레 남의 마음도 읽게
된다. 생각이 넓어진다는 것은 감정의 부딪침 속에서 내 마
음과 남의 마음을 헤아리는 시간일 것이다. 다른 말로 여유

일 텐데, 마문이 제기한 예술의 권리를 보다 많은 이가 누린다면 혐오도 스러지지 않을까? 우리는 주머니 속 핫팩에 기대어 혹한을 건너왔다. 더 많은 이가 예술이라는 온기를 지펴 세상에 '여유'를 더하면 좋겠다. 아침 햇살 받아 아지랑이 피워올리는 이른 봄 목련나무처럼 보송해진다면….

삶들의 합,
우리의 안전

돌도 무른다는 음력 6월 더위가 새벽까지 푹푹 찌던 7월 말이었다. 열다섯에서 열여덟 살인 아이들 열한 명이 용인에 있는 놀이동산 입구에서 얼싸안았다. 출근길 2호선 강남역처럼 북새통을 이루는 곳에서 휴대전화가 없는 친구들까지 만났으니 발뒤꿈치가 들썩이는 기쁨을 나눌 만했다. 캐나다, 미국, 프랑스, 러시아에서 와 재외동포라고 불리는 아이들과 서울·성남·안동에 사는 아이들이다. 일주일 전에 경북 봉화군에 있는 국립청소년미래환경센터에서 6박 7일을 함께하며 친구가 됐다. 아침 10시, 개장을 알리는 노래가 울리자 광장을 가득 채웠던 인파가 세면대 물 빠지듯 동화 속 성채로 빨려 들어갔다.

밤 10시, 폐장을 알리는 음악이 나오고 아침부터 5분마다 인원 점검을 하며 한 덩어리로 놀던 아이들은 귀갓길에 올랐다. 버스정류장은 서울 이곳저곳과 수원 등지로 가는 표지판 뒤로 갈래갈래 나뉜 행렬이 뱀처럼 이어지다 뒤엉킬 듯 붐볐다. 한밤에 애먼 곳에 내릴 수도 있다는 불안감에 아이들은 길 가는 아주머니에게 다가갔다. 자신들이 서 있는 곳이 서울행 버스를 타는 데가 맞는지 물었다. 어눌한 한국어였다. 욕설 섞인 호통이 돌아왔다. 찰진 단어들이 삿대질과 함께 한곳으로 돌진했다. 프랑스인 아버지와 한국인 어머니를 둔 루이에게로였다. 중년 여성의 타오르는 눈빛으로 범벅된 마지막 말은 이랬다.

"너희 나라로 가! 이 ㅅㄲ야."

러시아어, 영어, 한국어가 뒤섞인 아이들의 웅성거림이 일었다. 그중 한국계 부모를 둔 미국에서 온 아이가 "내 친구한테 왜 그래요?"라고 따졌고, 다른 아이는 "인종차별하지 마세요!"라고 외쳤다. 그 말이 사그라지던 아주머니의 욕설을 다시 살렸으나, 루이가 지하철을 타겠다며 자리를 떠나면서 소란의 주체도 멀어져갔다.

그 중년 여성은 왜 그랬을까? 늦도록 붐비는 놀이동산 고객들에게 질릴 대로 질린 터였나? 아니면 신산하여 기진한데 거기에 지푸라기 하나가 얹힌 것일까? 어쩌면 그이는 자신이 알든 모르든 외국인을 혐오할 수도 있다. 그런데 그 여성이 눈에 거슬려한 아이는 한국인이다. 대한민국 여권으로 입국했다. 오히려 친구를 옹호한 아이와 인종차별을 지적한 아이가 미국인과 국적법상 한국 국적이 말소된 캐나다인이다.

루이에게 당시 감정을 물었다. 자신은 밤이 더 깊어지기 전에 호텔로 돌아갈 방법을 궁리하느라 긴장했고, 상대가 자기를 향해 욕을 퍼부을 때는 자신이 그 사람을 말려야 한다는 생각을 할 수 없었다고 한다. '욕하는 사람이 문제인데, 왜 내가 상대를 멈추게 해야 하지?' 그저 당황했다고. 그리고 솔직히 자신의 분노는 다른 사람에게로 향했다고 답했다. 가만히 처다보던 사람들에게로. 그들이 왜 침묵하는지 의문이 일었고, 지금까지 그 답을 찾지 못했다고 했다.

그 자리엔 50여 명이 버스를 기다리고 있었다. 대부분 청년이었고 중년도 끼어 있었다. K-드라마에 나오듯 스마트폰으로 영상을 찍는 사람은 한 명도 없었다. 심드렁하게 목격하고 있던 사람들. 한 젊은 여성은 루이 옆에서 도움을 호소하듯 둘러보는 여자아이와 눈이 마주치자 고개를 돌렸다. 무엇이 관람자의 눈빛마저 침묵하게 했을까? 개인주의라고 설명해야 할까? 아니면 온종일 놀이동산에서 에너지를 쏟았기에 피로에 눌렸다고 해야 할까? 금전적 불이익과 연결되지 않는 사소한 봉변이라 여겼을 수도 있다.

큰일과 사소한 일의 경계란 참으로 얄궂다. 스스로 묻고 또 묻다 보면 큰일이란 오로지 '내 일'일 뿐이니까. 내 일일 때 우리는 꿈틀거린다. 미국에서 한국계 미국인이 당한 봉변이 한국 뉴스에 나오는 이유도 한국인에게 내 일로 다가갔기에 가능했을 것이다. 내 편의 범위라고나 할까. 그렇다면 과연 오늘을 사는 한국인의 범위는 어디까지일지(혹, 청소년이라는 루이의 앳된 모습보다 백인에 가까운 생김새를 더 도드라지게 인식해 루이의 곤욕을 외면한 것일까? 그렇다 하여도 그 공간에서 루이의 피부색은 소수자의 정체성을 띠기에 미성년자라는 정체성과 함께 이중의 취약성으로 존재했을 터다. 무엇이 맹자가 말한 "물에 빠진 아이를 구하는" 사람의 무조건 반응을 가로막았을까…).

세계인이 국경을 넘어 섞이는 시대다. 팬데믹은 그 속도를 여실히 보여줬다. 그러니 글로벌 시대에 우리가 추구해야 할 이상적인 답은 누구나 보장받는 '머무는' 곳의 안전일 터인데…. **우리는 다르게 생겼다는 이유로 느닷없이 들이치는**

차별에 예민해지고 난처한 사람을 보살펴야 한다. 누군가의 난처함에는 내가 겪을 곤란의 가능성이 포함되어 있으니까. 외면은 나의 어느 날을 위태롭게 할 수 있다.

그 중년 여성이 자기와 다르다고 여긴 아이를 윽박지른 배경엔 그래도 된다는 인식이 있었을 수 있다. 나이라는 문화적 지위로 눌렀을 수도 있고. 그는 '너희 나라'라고 아이를 다수와 가르면서 구경꾼들 속에 자리한 한편이라는 생각을 작동시키는 효과도 만들어냈다. **안타깝게도 구분은 차별로 변질하기 쉽다.** 사실 인간에게는 편을 구분하는 본성이 있다. 그 본성이 인류가 살아남도록 작용하기도 했다. 낯선 대상을 경계하고 피부색과 피에 신경을 곤두세웠기에 질병과 침략에서 살아남았다. 그러나 인간은 사고하는 동물이다. 이성을 동원하여 관계를 넓혔고, 그 속에서 여분의 생산을 만들며 번영을 일으켰다. 더 많은 인원이 평화를 지속하도록 제도도 만들었다. 그렇게 협력의 본성 또한 작동해왔다.

재난이 끊이지 않는 시대, 편 가르기 본성을 방치하기엔 우리의 안전이 위태롭다. 누구나의 안전 속에 나의 안전이 있고, 개인의 삶이 모인 합이 오늘의 세계다.

재난이 닥쳐야
보이는 사람들

"희경 씨, 여기가 따듯하다. 이리로 앉아."

온기가 있는 자리는 그날도 전기장판 위였다. 맞은편 난로의 열선 두 줄이 어둑한 방에 붉은빛을 뿌렸다. 1994년 겨울이었다. 당시 위기에 처한 가정을 소개하고 청취자에게 성금을 받아 전달하는 라디오 프로그램을 만들었다. 서울 서쪽 어딘가에 있는 집으로 비탈을 올라간 기억이 난다. 담벼락에서 담벼락으로 이어지는 집 위로 하늘만 보였다. 담장 밖으로 넘어오는 그 흔한 나무가 어느 집에도 없었다. 상담차 그 집을 여러 번 방문한 자원봉사자는 인터뷰할 내게 덜 불편할 만한 자리를 내주려 세간살이를 치웠다. 나는 몇

발짝 되지 않는 방을 이리저리 가르는 전기 코드들을 살피며 다가갔다. 철거 지역에 있는 불안한 셋방이었다. 눅눅한 공기에는 퀴퀴한 냄새가 배어 있었다.

2023년 3월 27일, 안산시 단원구 선부동 다세대 빌라에서 불이 났다. 나이지리아인 어린 남매 네 명이 숨졌다. 멀티탭 전기 합선이 원인이라고 했다. 뉴스에는 인근 주택 방바닥과 벽에 어지럽게 늘어져 있는 멀티탭들이 클로즈업되어 나왔다. 비좁은 공간에 한자리 차지하고 멀뚱히 돌아가는 제습기가 2023년임을 말해줬다. 그 집에 사는 아주머니는 "걸리적거리지만 곰팡이 때문에 어쩔 수 없다"라고 이유를 설명했다. 고려인이다. 소방당국은 "안산 다문화 특구 내 화재 취약 요인을 개선하고 소화 시설물을 점검할 것이며, 특히 멀티탭 사용법을 교육하겠다"라고 발표했다.

30년 전 방송을 위해 찾아간 가정은 대부분 전형적인 유형이었다. 조손가정이거나 한부모가정, 장애가정, 중병에 걸린 자녀가 있는 가정 그리고 유일한 노동 인력이 실직했거나 큰 병을 얻어 취약한 일상이 벼랑 끝에 몰린 가정이었다. **그들은 방값이 싼 곳에 살았고 재난이 닥치자 무너졌다.**

지금은 그곳에서 이주민들이 함께 산다. 나이지리아인 가족 참화는 우리 사회의 취약계층이 누구이고 어떻게 자리하는지 말해줬다. 화재 취약 요인을 개선하면 위기의 삶은 안전해질까? 퀴퀴함이 사라진 자리를 방값이 오를지 모른다는 불안감이 차지할 수도 있다. 시장과 안전의 고차방정식 때문이다.

4년 전 미국 워싱턴DC를 찾았을 때다. 도시 곳곳에서 고층 맨션들이 올라가고 있었다. 주택가 택지도 개발 중이어서 인구가 늘고 있다고 생각했다. 그러나 지역 사람들은 그곳에 살던 이들이 쫓겨나고 있다며 혀를 찼다. 인근 공항의 세관공무원도, 경찰도 살 수 없다며 고개를 가로저었다. 건설사는 이윤을 좇아 더 크고 좋은 집을 짓고 집세는 오른다. 일거리 있는 도심에 살아야 하는 사람들은 방을 쪼개 다른 식구를 받거나 출퇴근에 더 긴 시간을 써야 한다. 뉴욕의 할렘도 원래 살던 흑인들은 반 이상 밀려났다.

지난겨울 안양 동안구 평촌에 있을 때였다. 재래시장으로 가는 길가에 차들이 즐비하고 사람들이 끝 모를 줄에 서 있었다. 아파트 모델하우스 방문 인파였다. 20층 넘게 올라가는 그곳은 다세대주택이 꽉꽉 차 있던 동네였다. 거기 살던 이들은 새 아파트 20층 사이사이로 안착하는 중일까?

가난이 위기로 추락하지 않도록 하려고 우리는 복지라는 틀을 작동시킨다. 다양한 형태의 임대주택들도 이 속에 있는데 이제 그 안으로 외국인 이주민을 포용해야 할 때가 아닐까 싶다. 지역에 살며 세금을 내는 그들의 사정에 맞게 한부모가정, 다자녀가정, 장애가정 등을 위한 정책을 마련해 함께 안전망을 갖추도록 해야 하지 않을지. 그들도 한국 경제의 한 축을 담당한다는 판에 박힌 이유 때문이 아니다. 실제로 이들의 자녀는 한국에서 나고 자란다. 그리고 마음 저 밑에서부터 한국인이라는 감정을 갖고 '왜 나를 다르다고 하나?' 그 이해할 수 없는 질문의 답을 찾으며 자신을 추스르고 있다.

한편에서 "내국인에게 돌아갈 자리도 부족하다. 외국인 이주민에게까지 혜택을 넓힐 수는 없다"라고 주장한다면, 부족한 파이를 키우도록 정책을 이끌어야 할 것이다. 경제 규모가 커진 만큼 복지의 파이도 커져야 마땅하지만, 시장의 셈은 정비례를 모르고 권력은 반비례 정치로 몸을 사리며 표심 따라 부유한다. 오히려 국가 공동체를 갈등으로 분리 통치하는 시도가 병법처럼 통치술로 자리한 지 오래다. 그리하여 재난이 닥쳤을 때 호명되는 이름의 다수는 여전히 서민이다. 챗지피티ChatGPT도 서민을 위한 정책에만 '포퓰리즘'이라는 딱지가 붙는다는 것을 아는데, 인간의 두뇌는 왜 휘둘리는지.

30년 전 나는 2년에 걸쳐 매주 위기가정들을 만나며, 가난의 원인이 교육받지 못한 데 있다고 생각했다. 더 엄밀히 말하면 삶의 기반을 전환해줄 단 하나 남은 교육이라는 사다리를 박탈당한 그 어떤 무참한 이유라고 말이다. 아마도 그 봄날 전깃줄이 어지러이 늘어진 철거촌 속 쉰내 나는 방에서 만난 아기 엄마의 말 때문에 더 그랬던 것 같다. 남편은 간경화로 복수가 찬 배를 안고 숨을 쉭쉭 몰아쉬었다. 서너 살 먹은 딸아이는 엄마 등에 찰싹 붙어 손장난했는데, 그 엄마의 나이가 스물셋이었다. 나도 스물세 살이었다. 그이는 말수가 적었다. 인터뷰에 애를 먹었다. 그래도 유독 반색하며 한 말이 잊히지 않는다.

"그 옷 제가 만들었어요."

그는 내가 입고 있던, 백화점 할인 매대에서 산 네이비블루 셔츠를 가리켰다. 그가 다니던 공장에서 재봉한 옷이었다. 한동안 '나와 그의 차이는 무엇일까?'라는 질문에 골몰했다. 교육이라고 생각했다. 중고등학교에 수업료를 내던 시절, 수업료가 밀린 아이들이 교단 앞으로 불려가고 막바지엔 부모가 교무실로 와야 했던 그때 내 부모는 학비를 낼 수 있었다. 더불어 소위 말하는 정상 가정이었다. 그것은 아마도 나와 그의 20대를 가른 절대적 차이였을 것이다. 그가 고백한 삶의 궤적이 그랬다. 어머니의 부재, 아버지의 자포자기. 그럼에도 거기에 차이를 만든 부수적 요인을 나는 대학 진학이라고 봤다. 잊을 만하면 누군가가 지독한 결핍 속에서도 장애물을 건너고 계층이동을 해낸 증거로 새로이 전시해왔으니까. 나는 교육만은 기회의 사다리로 작동하고 있다고 동조했다. 그 관념에 젖어 그이가 어떻게든 악착같이 노력해 진학했다면 그 고생을 하지 않았을 것 같아 안타까웠다. 스물넷의 나는 교육을 개인의 의지가 주요하게 작동하는 독립된 영역으로 바라본 것이다.

교육은 삶의 101가지 조건과 연동한다. 그 중심축은 노동조건인데 이는 삶의 질과 맞물려 있다. 교육의 목표가 질 좋은 노동에 도달하는 데 있기에, 지독한 경쟁 태엽이 여전히 느슨해지지 않고 있고 가난 역시 질퍽한 수렁에 갇힌 것처럼 대물림되고 있다. 그 수렁에 놓는 널빤지가 복지다. 기어나와 교육이라는 사다리 끝에 손이라도 뻗어보도록 무릎을 걸치게 하는 구조물. 그 널빤지가 닿지 않는 곳에서 사회의 우울은 깊어진다.

광주의 한 중학교 국어 선생님이 들려준 이야기가 있다. 교무실 옆자리 선생님이 언짢은 얼굴로 있기에 연유를 물었단다. 상담을 신청한 어머니에게 전화를 걸어 "통화 가능하세요?"라고 물으니 그냥 "아니"라고 답하고, "그럼 언제 통화가 가능한가요?"라고 건네니 "다음 주 금요일"이라며 끊었다고 했다. 국어 선생님은 누구 엄마냐고 물었다. ○○ 엄마란다. "그 엄마 아직 한국어를 잘 못해요"라고 말하자 그제야 그 선생님의 얼굴이 펴졌다고 했다.

"이제 우리 교사들도 한국어를 하지 못하는 부모님이 있을 수 있다는 사실을 알아야 해요."

국어 선생님이 얘기 끝에 남긴 말이다.

학교도 현실을 살피며 마음을 다잡고 있다. 하물며 정책을 이끄는 지도자라면 그 엄마의 아이가 성인이 될 4년 뒤 정도는 내다보며 일해야 하지 않을까? 그 아이의 현재를 살피는 복지와 미래의 안녕을 위한 사다리로 건넬 교육을 보장하는 방향으로 말이다.

학교, 게임 규칙을
다시 쓰자

10년 전, 큰아이가 친구 생일파티에 초대받아 새로 개장한 실내 스포츠센터에 갔을 때다. 공중 낙하 기구와 인공 암벽에 여러 구기 종목 경기장까지 갖춘 어린이 놀이터였다. 다섯 살 된 딸도 놀고 싶어 했다. 마침 입구에 닷지볼dodgeball 경기장이 있었고 딸 또래 백인 사내아이가 공을 들고 친구를 기다리는 것처럼 서 있기에 딸을 들여보냈다. 단 위에 있는 코트는 천장에서 벽까지 그물로 감싸 아이가 코트 밖으로 떨어지지도, 공이 밖으로 튕겨 나오지도 않게 설치되어 있었다. 폭신한 매트도 깔려 있어 안심하고 부모 관람석으로 왔다. 막 노트북을 펴려는 찰나, 딸아이의 울음이 터졌다. 주저앉은 딸을 일으키고 이유를 물으니 연신

공기를 들이켜며 한 마디씩 뱉어냈다. 해석하면 이랬다.

"쟤가 공으로 막 때려! 자꾸 쫓아와서 공으로 때려!"

나는 '상대는 세상 물정 모르는 여섯 살 아이다'를 빠르게 되뇌었다. 그리고 사내아이를 보며 부드럽게 영어로 물었다.

"네가 이 여자아이를 공으로 때렸어?"

아이는 고개를 끄덕였다.

"그럼, 얘한테 미안하다고 말해주지 않을래?"

그때 어디선가 나타난 아이 엄마가 대답했다.

"잇츠 닷지볼It's dodgeball!"

그 엄마는 내 딸이 괜찮은지 물으며 설명했지만 미안하다는 말은 하지 않았다. '잇츠 닷지볼'만 반복했다. 나는 딸의 손을 잡고 그곳을 나왔다. 내 안에서 소리 없는 아우성이 윙윙거렸다.

'나도 알아. 잇츠 닷지볼! 피구! 피구는 피구왕 통키지.'

통키까지 연산 작용이 일어났지만, 내 영어는 학교 운동장에서 공으로 상대를 때려 맞히던 그 피구를 선명히 그려내지 못했다. 나와 딸은 놀이를 하며 친구를 사귀러 간 스포츠센터에서 봉변을 당한 피해자 심정이 되었다. 지금은 웃는다. 그 사내아이 엄마도 황당했겠다 생각하며.

그런데 말이다. 우리가 세상 물정을 배우는 과정도 이렇지 않을까? 배신감에 억울해하다가 시간이 지나 익숙해지면서 '그땐 뭘 몰랐구나' 하는 이별의 5단계 같은 받아들임 과정 말이다. 특히 학교라는 안전한 경기장으로 배우러 갔는데, 그곳의 페어플레이 정신이 '피구 규칙'이라는 지독한 난감함 같은.

아랍계 이주 가정 아이들을 지원하는 바라카작은도서관에서 선생님과 이야기를 나누다가 당혹스러웠던 두 가지 사실이 있다. 고려인, 결혼이민한 엄마, 마을 활동가 들과 이야기하면서 거듭 확인한 안타까움이기도 하다. 이주민 가정은 대개 종일 일해도 살기가 팍팍하다. 그래도 아이는 학교에서 잘 배우겠거니 여기지만 현실을 보면 아이는 겉돌고 교사와의 소통은 단절된 상태다. 활동가들은 교사들이 '가난의 실상'을 이해하지도, 거기에 접근하지도 못한다고 했다. 치열한 경쟁을 뚫고 안정적인 직업에 도달한 그들은 대부분 중산층 이상의 가정에서 생애를 보냈다. 그나마 열의를 갖고 나서는 교사도 쏟아지는 공문에다 서류로 평가받는 구조 속에서 한두 해를 넘기지 못하고 제풀에 꺾인다고 한다.

이주해온 아이들은 때로 교사에게 "학원에서 한국어를 배운 다음 학교에 와야지" 하는 책망을 듣는다. 물론 이주민

학생이 많은 학교에는 해당 언어 보조 교사와 한국어 준비
반이 있는 경우도 있다. 그런데 이것은 이주 학생 고밀도 지
역에 만든 제도라 계속 유입이 일어나고 교사와 학생 인원
수가 맞지 않아 역부족인 사례가 넘치고 있다. 그리고 한국
인과 결혼해 온 이주민들은 "한국학교에서는 왜 교과 진도
를 띄엄띄엄 나가죠?"라는 질문을 한다. 학원이 많지 않은
지방의 읍 단위 학교에서도 교사는 "학원에서 배웠지?"라는
말을 자주 하며 진도를 건너뛰곤 한다.

무엇보다 나를 당혹스럽게 한 부분은 '창의력 교육'이다.
지난 20여 년 동안 정답처럼 외쳐온 '주입식 아니고 창의
력!'이 오히려 한국어에 미숙한 아이들이 성취감을 느껴볼
기회를 봉쇄하고 있었다.

'영희가 사탕 5개를 사서 동생에게 2개를 줬다면 지금 영
희에게는 사탕이 몇 개 있을까?' 국어에 약한 아이는 풀 수
없는 문제다. '5 − 2 = ( )'라면 빈칸에 3이라고 쓸 수 있던 이
스마엘도 공부를 체념하게 했다. 이스마엘은 한국에 온 지
석 달 된 아이다. 수학을 단답형과 서술형으로 분리해 채점
하면 적어도 하나의 시험에서 성취한 기반으로 공부할 맛을
유지하지 않을까?

"수학은 국제적이다Math is international." 미국에서 교사들

한테 자주 들은 말이다. 2014년 무렵 캘리포니아주에서 수학을 '원리를 찾아가는 방식'으로 개편하기 전까지 이민자 가족 아이들은 그나마 수학과 예체능에서 자신감을 얻었다. 빡센 한국 음악학원에서 배운 플루트 덕분에 밴드가 있는 중학교로 전학 온 하연이는 친구를 사귀었고, 석도는 중학교 수학 선생님이 되었다. 1980년대 중반에 이민해 함께 어울리던 예닐곱 명 한국 아이 중 첫 대학생이기도 하다. 학원으로 간 예체능 또한 다시 교실과 운동장으로 되돌리길 바란다.

큰아이가 초등학교 2학년 때다. 두 자릿수 덧셈과 뺄셈을 배울 때 나는 자원봉사 당번이라 교실에 있었다. 보조 교사도 있었기에 두 선생님이 가르치고 당번인 부모 둘이 거들었는데 유독 한 아이가 셈을 하지 못했다. 일주일 뒤에 가니 그 학생 옆에 할아버지 선생님이 앉아 있었다. 그 아이만 돕는 개인 교사로 교육청에서 나온 은퇴 교사였다. 그 학생은 무난히 3학년에 올라갔다. 자폐스펙트럼 학생 담당 교사까지 그 반에는 학생 열다섯 명에 교사가 네 명이었다. 10년이 지난 현재는 미국도 달라졌다. 예산은 줄었고 학생 수는 늘었고 사교육도 늘었다. 그래도 내 아이들이 다니는 공립고등학교에서는 일주일에 두 번 방과 후 숙제 지도 시간을 연다. 여기에는 담당 교사가 있고 사범대 학생들이 봉사를 나온다. 고등학생들이 동급생의 공부를 도와주는 시간도 의무 사회봉사 시간으로 인정한다. 모든 교사가 영화 〈죽은 시인의 사회〉의 키팅 선생님처럼 사랑과 열정이 충만하길 기대할 수는 없다. 대신 키팅 선생님의 10분의 1 정도만큼이라도 관심과 열정을 끌어낼 여유를 갖도록 '1교실 2교사 이상' 체제를 갖추는 것은 어떨까? 현재 임용고시에 붙고도 교사 발령을 받지 못하는 인원이 수천 명이라는데….

서울 구로구에 구로청소년문화예술센터가 있다. 학생 수가 급격히 준 구로중학교에서 공간을 내줬고 사단법인 학교너머더큰학교가 그곳에서 청소년들과 동아리 활동을 하며 지역 축제를 벌인다. 10년이 지난 최근에는 사교육을 받지 않고도 예술대학에 진학한 학생이 여럿 나오고 있다. 그 선배들처럼 지금도 아이들은 행사를 직접 기획하고 지역 자원을 끌어내어 판을 벌여서 무대에 선다. '할 수 있다'라는 자신감을 체득하고 있다. 그 유명한 자기주도학습의 실체란 이런 것 아닐까?

궁리하고 상상할 기운을 북돋는 교실로 가자! 교사와 학생이 지치지 않고 흥미를 느끼는 그곳에서 창의력 또한 싱

싱하게 자랄 것이다. 학교가 피구장이 아니라 경쟁이되 협동의 힘을 경험하는 대보름 줄다리기 운동장이면 좋겠다.

스스로 돕는 자를
돕는다?

미라로마고등학교 2023년 졸업생 상장과 장학금 수여식
이었다. 청바지에 쨍한 초록과 순도 높은 흰색이 어우러진
퍼프 소매 블라우스를 입은 티티 올로투가 빨간 에나멜 하
이힐을 또각거리며 햇살 들이치는 유리창 벽면을 열병대 삼
아 강당을 가로질러 무대에 올랐다. 국기를 닮은 티티의 믹
스매치 전통의상이 나이지리아 Z세대의 기개를 나부꼈다.
사회자의 소개가 박수 소리에 묻혀 낱낱의 단어로 퍼졌다.
코카콜라 장학금, 2만 달러, 지원자 9만 1천 명, 150명 선발,
미국을 바꿀 청소년 리더! 그리고 '저소득 이민자 가정'이란
단어에서 살짝 사그라들던 박수가 우렁차게 솟구쳤다. 가난
과 고난이 찬란해질 때는 그 시간이 양분되어 예술적 성취

를 이루거나 바늘구멍을 통과했을 때다. 티티는 17년 시간을 꿰어 번쩍이는 메달을 목에 걸었다. 어떻게 그것이 가능했을까?

미라로마고등학교는 캘리포니아주 새크라멘토에 있는 공립학교다. 학생은 두 부류로 나뉜다. 다수는 집과 가까워 택한 학생들로 인근 아파트(임대주택)에 사는 아랍계와 흑인이고, 3분의 1 정도가 국제바칼로레아International Baccalaureate(이하 IB) 교육과정을 이수하는 학생들이다. IB 고등학교 과정은 대학 교양 수업 수준까지 나아가기에 학업을 평가해 선발한다. 올해 이 학교 IB 학생 중 30여 명(약 40퍼센트)이 미국 상위 20개 대학에 진학했다. 티티는 학교 근처 아파트에 살고 IB 과정을 이수했으며, 2023년 가을 학비와 생활비를 받는 조건으로 캘리포니아대학교 로스앤젤레스UCLA 의예과에 진학했다.

티티는 아홉 살에 나이지리아에서 이민 온 흑인이다. 첫 정착지는 텍사스주였다. 미국에 당도한 바로 다음 날 한 학년 높여 4학년에 들어갔다. 티티의 수학 능력을 평가한 교사의 제안이었다. 학교에서 온갖 상을 도맡아 받았다. 아이들은 티티를 맴돌며 '우가우가' 하면서 원숭이 흉내를 냈고 따

돌렸다. 티티가 열한 살이 되자 부모님은 티티를 새크라멘토에 사는 이모네로 보냈다. 식구가 더부살이하는 주인집 딸이 티티보다 두 살 위인데 학업이 한 학년 아래인 티티에게 뒤처지면서 갈등이 불거졌다. 티티 어머니는 아버지의 직장 때문에 오도 가도 못 하는 상황에서 티티만 보낸 것이다.

중학교를 마칠 즈음 상담교사는 티티에게 IB 고등학교에 도전해보자고 제안했다. 결과는 합격이었다. 새벽 5시, 아직 어둑한 골목을 나와 한달음에 버스정류장으로 가서 시내로 들어가는 버스를 탔다. 치안이 허술한 동네라 정류장이 있는 큰길에 다다라야 마음이 놓여서다. 시내에서 버스를 갈아타고, 다시 한번 더 갈아타야 학교 앞 정류장에 이른다. 대중교통이 허술하기 짝이 없는 도시라서 기다리는 데만 1시간씩이다. 티티는 간신히 아침 8시 등교 시간에 맞춰 등교하곤 했다. 승용차로 30분이면 가는 거리다.

진도를 따라가고자 5시간도 채 못 자는 일과를 보냈다. IB 중학교 과정을 밟고 온 동급생이 태반이라 자정이 넘도록 공부해도 따라가지 못했다. 다들 두세 학년 앞선 수학을 배우고 있었다. 그러던 어느 날 티티는 경찰차를 타고 학교에 갔다. 그날 아침 갈아탈 버스가 오지 않아서다. 시내 버스정류장에서 통곡하는 열네 살 소녀를 경찰이 발견했다. 지각 사유를 알게 된 상담교사가 티티에게 해결책을 제시했다. 잠부터 제대로 자야 한다며 세 단계 수학 수업을 온라인강의를 들으며 따라잡도록 장학금을 끌어왔다. 외부 강의였기에 수업료를 내야 했다. 한 단계를 마치기도 허덕일 강도였지만 티티는 도달했다. 그리고 코로나-19가 터졌다. 버스에서 벗어났다. 더불어 어머니가 두 동생을 데리고 티티 곁으로 왔다. 열다섯 살이 된 티티는 햄버거 가게에서 아르바이트하며 아파트 월세를 보태기 시작했다. 학교 선생님이 소개한 보조 교사 일도 꽤 오래 했다.

코카콜라 장학금을 받는 과정에도 '고마운 교사'는 등장한다. 그 교사는 서류를 작성할 때 자기소개서를 지도했을 뿐 아니라 본선으로 올라갈수록 보강해야 할 활동 증명도 도왔다. 성가신 서류 작업이었다. 덕분에 애틀랜타에 있는 코카콜라 본사에서 열린 시상식에 참석하게 되었다. 수상자들은 소셜미디어에서 소문난 유명한 고등학생들이었다. 그렇다! 코카콜라 장학금의 의미는 2만 달러라는 거금(일반 노동계급 가정에서 낼 주립대학교 1년 학비와 기숙사비에 버금가는)에 있지 않다. 그것은 바로 새로운 리더 네트워크 형성이었다. 수상자 가정은 대부분 부유하다. 왜 그렇지 않겠는가? 티티의 고등학교 IB 프로그램 친구들도 대개는 이민자 가정이지만 인종을 불문하고 다수가 풍요롭게 산다. 인도계 엔지니어, 중국계 기업 대표, 백인 변호사, 소말리아계 의사….

'모두에게 열린 교육 기회'라는 목적으로 보면, 공립학교라 해도 우수한 학생을 골라 제공하는 무상교육은 불완전하다. 여러 연구에서 나왔듯 한 동네에 특별한 교육과정으로 가르치는 학교가 생기면 기존 학교의 교육환경이 나빠지는 결과가 나타났다. 최고의 무상교육이 이뤄진다는 스웨덴에서도 사립학교를 허용하면서 공교육이 휘청거렸다. 사회학자들은 부모들의 자원이 더 좋은 학교로 쏠리기 때문이라고 설명한다.

그럼에도 티티같이 경제적으로 어려운 가운데 열심히 공부한 아이가 개인 교사에게 입시컨설팅비 수만 달러를 들이지 않고도 비등하게 진학했다는 점은 특별한 학교에 비판적이던 내 굳건한 시각에 균열을 냈다. 특히 이주민 여성 활동가에게 "조선족 동포와 중국인 이민자가 다수를 이루는 구로에서 '국제 학교' 설립 논의가 있었지만 무산되었다"라는 이야기를 들었을 때는 더욱 흔들렸다. 무산된 이유는 역차별이라 부르짖는 한국계 학부모들 때문이었다. 이주민 아이들이 더 잘할 수 있는 외국어 분야에 공적 자금을 들여 그들에게 날개를 달아줄 수 없다는 논리였다. 이미 '일반고'라는 명칭이 생겼을 만큼 차등적 프로그램이 존재하는 교육환경이다. 그 경쟁 구도에서 미국이든 한국이든 약자도 '노오력'에 따라 계층을 이동할 사다리가 징검다리만큼이나마 띄엄띄엄하게라도 놓여야 내일의 불평등이 견고해지는 걸 조금이라도 막지 않을까? 성적과 비싼 학비로 만들어진 특별한 학교는 도리어 자연스러워진 풍토이지 않은가.

그런데 말이다. 과연 티티의 성취는 IB 교육과정 때문이었을까? 3시간 걸려 학교에 오는 티티에게 외부 수업을 들을 수 있도록 장학금을 마련한 교사처럼 초등학교 때부터 여러 교사가 티티에게 건넨 제안과 그들이 활용한 자원을 놓치면 안 될 것 같다. 이는 모두 공교육시스템 안에서 운용되었다. 그리고 유명무실해질 수 있는 자원을 교사가 실제로 사용하고 싶도록, 애쓰는 아이에게 감복할 만큼 교사의 애정이 유지되는 노동환경이었다. 모든 학교 민원은 교장과 교감들에게로 향한다. 교사들은 자신의 역할이 바로 아이들을 믿고 이끄는 것임을 주지했고, 능력을 발휘해야 한다는 강박을 받았다. 그렇게 자원과 권한 감시가 체계 속에서 작동했다. 입시를 위한 사교육이 과열된 곳에서는 아무리 특별한 공립고등학교를 만들고 공립중학교를 만들어도 그 특별한 무상 공립학교마저 사교육 시장에서 교육 상품을 살 수 있는 사람에게 유리해진다. 그러하기에 **시스템 안에서 취약한 학생을 지원하는 자원은 중요하다.**

티티가 장학금을 받은 그 시상식에서 자폐스펙트럼이 있는 파키스탄계 합사도 메달을 받았다. 초등학교 때 내 아들과 같은 반이었다. 히잡을 쓰고 무대에 오른 합사는 고왔고 활짝 웃었다. 그 시상식 단상에 오르지 않았다면 열여덟 살이 된 합사의 성장한 모습을 못 보았을 터다. 눈물이 핑 돌았다. 커뮤니티 칼리지에 진학하는 흑인 소년들도 지역 장학금을 받았고 흑인으로 학교의 스타인 제니퍼는 여성재단 장학금을 받았다. 전동 휠체어를 타는 중증 장애인 J도 개근상을 받았다.

한 사람이 믿어주고 그 한 사람이 믿어준 단 하루의 시간 위로 또 다른 이의 믿음의 시간이 쌓이면 아이는 성취라는 선물을 가져온다. 믿고 지원할 수 있는 조건이 공교육 안에서 늘어나길 바란다.

'노력해보겠습니다'의
공적 의미

김올렉 씨는 13만 6천 평에 이르는 우크라이나 대평원을 일궈왔다. 유럽 일부 지역의 밀 공급을 책임진 농부이자 경영인이었다. 2022년 2월 24일, 러시아가 폭격을 시작하면서 그의 집과 회사와 창고는 모조리 파괴됐다. 두 달 뒤, 올렉 씨는 안산시 단원구 선부동에 있는 고려인문화센터 앞 긴 줄에 서 있어야 했다. 당장의 끼니를 해결할 3킬로그램짜리 밀가루 한 포대를 받는 줄이다. 전쟁은 그러하다.

2022년 3월 18일부터 광주, 청주, 인천, 안산, 경주, 안성 등으로 우크라이나 고려인 피난민들이 들어왔다. 300일에 걸쳐 3천 명 남짓 도착했다. 대부분 여성과 아동이고 징집 대상에서 벗어난 60세 이상 남성이 섞여 있었다. 이들은 해양 물류기지로 러시아가 공습을 집중한 오데사, 헤르손, 돈바스 지역에 터전을 이루고 살아온 재외동포다. 하루에도 여러 번 폭격을 피해 방공호로 뛰어들어야 했다. 지하 대피소에서 며칠을 지새우다 목숨을 걸고 몰도바 국경을 걸어서 넘어왔다. 고려인이라 해도 한국은 쉽사리 허락받는 피난처가 아니었다. 먼저 들어와 있던 가족이나 친척이 애태우며 탄원한 결과, 사증 발급 기준 완화 조치를 실시하면서 입국할 수 있었다.

이잔나 씨는 유치원생 작은아이와 초등학생 큰아이를 데리고 한국에 왔다. IT 엔지니어인 남편이 전쟁에 차출되자 남아 있기로 결정한 부모님을 뒤로하고 떠나왔다. 전쟁 전에는 주말이면 가족이 다 함께 요트를 타고 바다를 만끽하던 영어 교사였다. 한국에서는 화장품 용기 만드는 공장과 전자 부품 조립 공장을 전전한다. 생활비를 벌기에도 허덕이기에 작은아이를 유치원에 보내지 못하고 있다. 대신 큰아이가 학교를 포기하고 집에서 동생을 돌본다. 부녀자 쉼터로 들어간 라리사 씨도 불안하긴 마찬가지다. 이제 겨우 걸음마를 뗀 아이를 그나마 안전한 공간에 둘 수 있다는 생각에 쉼터로 갔지만, 월세를 내야 하기에 공장을 전전한다.

고려인 피난민들은 대부분 한부모가정이다. 남편이 징집 대상 연령이기에 모자가정인데 경제적으로 위기 상태일 뿐 아니라, 정신적으로도 위험 수위에 도달해 있다. 2022년 늦 장마 기간에 우크라이나 피난민 청소년들을 상담한 안산시 고려인문화센터 상담사들은 그들의 스트레스 수치가 최고조인 것을 발견하고 불안을 떨치지 못했다. 열여덟 살 고등학생 남자아이는 상담 도중에 엉엉 울었다. 180센티미터가 넘는 몸 안에 꾹꾹 눌러온 고통을 토해낸 것이다. 일 나간 어머니 대신 동생들을 돌보며 살림하느라 5평 원룸에서 맴맴 돌던 아이, 코로나-19에 이어 3년째 인터넷 수업을 하며 사실상 중단된 학업에 절망하고 있었다. 활동가들도 울었다.

　　고려인 2세 피난민들은 전쟁터로 돌아가고 있다. 조카의 7평 원룸으로 피신해온 올렉 씨도 일자리를 얻지 못하는 자신이 조카에게 짐이 되는 것 같다며 떠났다. 대부분 고령인 2세들은 잘 정착해 산다고 여겼던 자식들의 생활이 녹록지 않은 것을 비로소 알고 차라리 제3국에서 피난 생활을 하겠다며 짐을 싸고 있다. 그 절망적인 결심을 부추기는 요인 중 하나가 지역의료보험료다. 거주한 지 6개월이 지나면 가입해야 하는데, 월 14만 원이 넘고 세대별로 가입해야 하기에 성인 3대가 살면 한 집에 40만 원이 넘는다.

피난민 65만 명을 수용한 루마니아는 1인당 3개월간 월 20만 원씩 지급하고 의료와 교육 서비스를 지원하며 민간 시설을 개방해 살게 했다. 한국 정부는 우크라이나 고려인 피난민들에게 일체 지원을 하지 않았다.

민간단체인 안산에 있는 사단법인 너머에서 고려인 피난민들에게 월세 보증금을 지원했다. 안산의 경우 보증금 1백만 원이면 방을 얻을 수 있기에 대한적십자사로부터 해외재난 긴급지원금 일부를 끌어온 것이다. 이불, 생리대, 기저귀 등을 함께 배급했는데 고려인 피난민들은 물품을 받으며 "고국에 왔다는 실감을 합니다. 한국 정부, 고맙습니다"라고 머리 숙였다. 활동가들은 차마 민간 지원이라고 말하지 못했다고 한다.

외교부 간담회부터 일선 담당 공무원들까지 만나 피난민 지원을 호소해온 안산시고려인문화센터 김영숙 센터장은 한결같은 답을 들었다.
"노력해보겠습니다."
김영숙 센터장이 목소리를 높였다.
"안성시의 경우는 들어온 피난민이 단 35가구뿐인데, 왜 시가 품지 못할까요? 정부는 꼭 법을 만들고 이를 근거로 지원하겠다고 하는데 이미 갖춰진 다문화 가정, 외국인 노동자 지원 업무에 포함하면 됩니다. 시행령을 동원할 수도 있고 지침이나 행정 사안으로 긴급 지원할 수도 있어요. 지역 주민으로 포괄해야 합니다."

활동가들은 3인 가족당 1년 동안 월 200만 원 지원과 의료보험 지원을 1년 넘게 요구했다. 600가구로 산정하면 1년에 148억이다. 기초 한국어라도 배워서 일하러 나가고 아이들도 학교에 갈 수 있도록 안정을 주는 지원이다. 바로 전년도인 2021년에만 교육부는 문체부, 외교부와 해외 한국어교육 지원 예산 236억 원을 확보했다. 의지는 예산을 만든다. 평생의 노력이 파괴되고 고꾸라진 존엄을 달래며 전쟁 트라우마를 이겨내고 있는 고려인들. 홀로 애쓰는 그들의 분투 속에 피난 트라우마가 더해지는 일은 없길 바라는 마음이 무겁다. **정책은 지도자의 마음에서 나온다.**

행정 방향을
사회적 모성주의로

"10대 엄마들이 너무 많아서 문제야!"

오래전 아침 밥상에서 아들이 불쑥 내뱉은 말이었다. 아마도 뉴스를 봤거나 학교에서 어떤 교육이 있었던 것 같았다. 엉겁결에 퉁명스럽게 반응하고 말았다.

"왜 10대 엄마들만 많을까? 10대 아빠들은 다 어디 가고."

당시 열네 살 아들은 멋쩍어했고 마흔여덟 살 나는 찜찜했다. 섬세하게 다가갔어야 했는데 임신이라는 사건만 바라보았고, 생각은 사건을 수습하는 방식으로 흘러 숨어버린 10대 남성과 그들 부모에게 닿았다. 나는 아들이 소녀들에게 건 올무를 소년들에게로 넘기고 만 것이다.

내 또래 미국인 지인 중에는 10대였던 엄마가 부모의 강권에 눌려 양육권을 포기하는 바람에 입양된 경우도 있고, 10대가 낳은 아기를 입양한 경우도 있다. 10대 여성이 임신했을 때 맞닥뜨리는 선택지는 한국이나 미국이나 그리 다르지 않은 것 같다. 앞날이 창창한 청소년의 미래, 온전히 미지의 상황에 놓인 아기의 미래가 '부모 사랑'이라는 무게 속에서 애절함을 덜어내는 저울질을 당한다.

우리는 무엇으로 살아갈까? 불거진 사건 속에서 일상을 흐트러뜨리지 않도록 애쓰지만, 그보다 더 균일하게 일상을 버텨내는 바탕은 '관계'라고 생각한다. 내가 맺고 있는 관계의 질 속에서 사고는 사건으로 견딜 만해지고, 사건은 세상살이 속 '그러려니 하는 일상'으로 잠잠해지기 때문이다.

캘리포니아주 새크라멘토에는 터브먼 하우스가 있다. 홈리스 청소년 부모들을 위한 집이다. 이곳은 22년 전 '이제 마을이 아이들을 지킨다'라는 모토를 내걸며 문을 열었다. 고등학교 교사였던 브리짓 알렉산더와 블리스 레이니스 부부婦婦가 시작했는데, 그들은 셸터(보호소)가 아니라 홈(가정)이라고 내세웠다. 이곳에서는 아이를 낳기로 한 청소년 부모들이 집과 음식, 육아용품을 지원받으며 아기 돌보기를 배우고 정신적 돌봄도 받는다. 고등학교 과정도 밟고 몇몇은 대학에 진학하기도 한다. 그들은 2년 동안 살 수 있는데 그 안에 월세를 마련해 자립하도록 3천 달러를 저축해야 한다. 터브먼 하우스에는 부모 교육을 하는 직원뿐 아니라 정신건강을 보살피는 직원, 경제적 자립을 안내하는 직원 그리고 예술 교육을 담당하는 직원 들이 있다. 청소년 부모들은 자신을 표현하는 예술 활동을 하는 것은 물론, 원할 경우 터브먼 하우스와 연계된 아동미술센터에서 월급을 받으며 일한다. 그들은 삶의 주체가 되어 지역 행정에서 청소년들의 목소리를 높이는 활동도 하고 있다.

터브먼 하우스에서 살았던 청소년 가운데 80퍼센트가 고등학교 학력 인증을 받았고, 그중 반은 대학에 진학했다. 75퍼센트는 빚을 갚고 밀린 벌금을 냈으며 신용도를 회복한 뒤 떠났다. 떠난 이들 중 93퍼센트는 홈리스 생활로 돌아가지 않았다. 최근 자립한 한 가정은 두 살 아들이 건강하게 생일을 맞았고, 터브먼 하우스에 있는 동안 대학에서 유아교육을 공부한 엄마는 유치원에 취직했다.

터브먼 하우스는 10대 임신을 사건으로 여기지 않는다. 관계 확장으로 맞이한다. 그렇기에 시설 대다수가 10대 임

산부만 거주하도록 하는 것과 다른 출발을 했다. 새로 태어 난 아이에게 가장 안온할 조건을 갖춰주고자 아기가 맺고 있는 관계가 안정을 이루도록 미숙한 부모의 마음과 보살핌 능력을 높이는 데 집중한다.

많은 시민단체 활동이 마치 개울이 강으로 흘러들어 큰 줄기를 이루듯 행정에 변화를 만들어왔다. 터브먼 하우스 같은 활동을 지방정부와 중앙정부에서 받아안는다면 어떤 부처나 부서에서 할 수 있을까? 청소년과에서 할까? 교육부 인가? 보건복지부일까? 아니면, 청년 취업을 관장하는 고용 노동부일까?

영국 옥스퍼드대학교 경제학과 공공정책학 교수 폴 콜리 어는 책 《자본주의의 미래》에서 사회적 모성주의를 제안한 다. 그는 지금까지 가부장 행세를 해온 국가의 실패를 인정 하고 임계점으로 향하는 불평등 문제와 불안에 잠식된 사회 를 안정시키려면 가족이 안녕하도록 방향을 바꿔야 한다고 조언한다. 사회적 가부장주의가 실패하고 있는데도 여전히 행정에서 대세를 장악하는 이유도 설명한다. 서로 다른 골 방으로 나뉜 업무 분야마다 통제를 목적으로 고안한 수직적 위계가 박혀 있어 헌신적인 담당자들조차 그 덫에 걸려 있다는 지적이다. 그는 영국의 한 쇠락한 지역의 행정 활동을 소개했다. 그곳에서는 고립감과 수치심으로 고통받는 여성들을 위해 상가를 빌려 카페를 차리고 그 여성들이 협동조합을 꾸려 운영하도록 했다. 그 결과 자존감이 살아나고 친구들이 생기면서 병원 신세를 지는 일이 줄었다. 특히 자녀들의 학교 성적까지 좋아졌다. 카페의 수익은 손익분기점에 도달했다. 그런데 그 프로젝트는 상급 기관이 폐기했다. 보건 업무가 아니라 사회복지 서비스이고 어쩌면 교육부 예산으로 해야 하는 일일지도 모른다는 것이었다. 복합적으로 좋은 결과가 나오는 바람에 사라진 공공 돌봄이다.

우리에게도 익숙한 상황이다. 20세기 교과서처럼 과목별로 나뉜 행정부처가 여러 사안이 뒤엉켜 불거지는 21세기의 일상 문제를 두고 서로의 영역을 지켜준다는 명목으로 고통의 숨통을 조이기까지 한다. 현장 활동가들은 이를 '칸막이 행정'이라고 부르던데…. 나 몰라라 부유하는 행정 문제들을 처리하려면 또 다른 부처인 '나머지부'를 만들어야 할 판이다. 우리 사회도 이제 관계를 보살피는 행정으로 나아가야 하지 않을까? 우리는 모두 관계 속에서 산다.

크리스마스 캐럴이
울리던 골목

서울 동쪽 봉화산 아랫동네, 국민주택이라 불리는 슬레이트집이 레고블록처럼 이어져 있다. 가파른 골목 모퉁이 집, 온 가족이 잠든 한밤에 학력고사를 마친 고3 여학생이 불 꺼진 거실에서 전기 난롯불을 쬐며 담장 너머로 들려올 합창을 기다리고 있었다. 1988년 크리스마스이브. 비탈길 아래에서 어렴풋이 들리던 노래가 멎자 한 무리의 발걸음 소리가 함박눈과 비벼져 뽀득뽀득 담장 안 여학생에게로 다가왔다. 곧이어 현관 문틀을 비집고 캐럴 〈고요한 밤 거룩한 밤〉이 난롯가로 스며든다. 노래 끝에 인사가 퍼진다.

"메리 크리스마스!"

붉은 두 줄 전기난로가 모닥불이 타닥타닥하는 벽난로로

바뀌는 환영으로 여고생을 감싼다.

비행기를 타고 인터뷰하러 먼 곳을 찾을 때면 그곳 가까이에 있는 대안공동체를 방문했다. 코로나-19 이전까지 10여 년간 지속한 내 탐구생활이다. 2015년 11월 현대미술 작가 프랭크 스텔라와 맨해튼에서 인터뷰한 다음 날, 단풍이 붉게 물든 산을 따라 차로 2시간을 달려 우드크레스트Woodcrest를 찾았다. 침례교인들의 공동체인 브루더호프Bruderhof에서 1954년 뉴욕주 북부 리프톤에 연 마을이다.

브루더호프는 제1차 세계대전으로 폐허가 된 독일에서 시작됐다. 당시 독일에서는 인간의 가치를 회복하고 평화를 추구하는 청년 운동이 일었다. 그 물결 속에서 착취와 전쟁으로 성장하는 산업 문명 대신 평화가 살아 있는 농촌 공동체를 만들려는 이들이 헤센주 자네르츠에 모여 브루더호프를 탄생시켰다. 이들은 평등과 정의를 추구하는 학교부터 세우고자 힘을 모았다. 그러나 나치 정권이 들어서면서 생명을 위협받기 시작했다. 이들은 유럽 각지로 무리 지어 흩어졌고, 제2차 세계대전이 발발하고 나치 세력이 유럽 전역으로 뻗어가자 일부가 파라과이로 망명했다. 제2차 세계대전이 끝나고 미국에서도 평화를 염원하는 기원이 일어나면서 미동부의 퀘이커교도 등이 이들을 환대했다. 브루더호프의 주류가 파라과이에서 미국으로 자리를 옮겼다. 지금은 한국 태백에도 있듯 7개국의 스물여섯 곳에서 2천 700여 명이 함께 생산하며 이익을 공유한다. 성장을 추구하지 않으면서도 가난에 빠지지 않는 안전과 평화를 누리는 공동체다.

나는 고속도로를 나와 우람한 산세가 이어지는 시골길을 지나는 동안에도 그들의 생활 모습을 그리기 힘들었다. 오래된 미국 드라마 〈초원의 집〉에 나오는 로라 엄마 같은 차림을 한 모습일까 상상해보았다.

리프톤 다운타운에서 호수를 끼고 올라가면 주택들도 사라지고, 한적한 풀숲을 지나야 우드크레스트 입구에 다다른다. 콘크리트로 매끈하게 포장한 너른 진입로다. 집채만 한 화물트럭이 주차해 있고 컨테이너가 암벽처럼 버티고 있었다. 끝없이 이어지는 초록빛 밭이랑이 나올 줄 알았는데 물류창고 분위기라 즉각 내비게이션을 확인했다. 올바르게 찾아왔다는 것이 오히려 당황스러웠다.

차를 세우고 가파른 언덕을 올랐다. 너른 평원이 펼쳐졌다. 순식간에 100년의 시간을 거꾸로 내달렸다. 빅토리안 목조 주택들 그리고 〈초원의 집〉에 나오는 로라 엄마 같은 여성들이 있었다. 머리에 삼각 수건을 두른 엄마들이 과학 선생님처럼 초롱초롱한 눈빛으로 담소를 나누다 말고 내게 눈길을 주었다. 그들은 가죽 봄버 재킷에 붉은 진을 입은 나에게 머레이의 집을 다정히 알려주었다.

머레이의 부인이 직접 수확해 만들었다며 허브차를 우려줬다. 어깨에 찰랑거리는 금발을 양 갈래로 땋은 초등학생 큰딸이 유아 의자에 앉은 동생에게 쿠키를 건넸다. 머레이와 마주 앉아 담소를 나누자 왜 입구에 트럭과 컨테이너가 있는지 그 의문이 풀렸다. 이곳 마을 사람들은 유기농 농사를 지으며 공동체의 먹거리를 생산하지만, 몇몇은 전문직에 종사하며 시내로 출퇴근한다. 임금을 받아 공동 살림에 내고 있다. 그럼에도 브루더호프의 주요 수입은 오래전부터 꾸려온 친환경 목제 가구 제조와 장애 아동을 위한 보조기구 제작 사업에서 나온다. 특히 리프톤 이큅먼트라는 회사는 우드크레스트에 본사를 둔 미국 최대 장애 아동 보조기구 제조업체다. 그 분야에서 가장 신뢰받는 브랜드로 꼽히고 있다.

이들이 보조기구를 개발한 계기는 단순했다. 1970년대 초, 어느 날 이웃에 있는 초등학교에서 아이들을 가르치는 교사가 마을을 찾아왔다(이웃이라고 해도 산 너머다). 그는 "가구를 만드는 것으로 알고 있는데, 혹시 학교에 새로 온 학생을 위해 특수 의자를 만들어줄 수 있느냐?"라고 물었다. 중증 장애 학생이 입학했다는 것이었다. 아이가 수업을 받는 동안 안전하게 앉아 있되 불편하지 않게 해달라는 청이었다. 공동체 회원들은 의자 높이와 등받이 각도, 발 받침대, 팔걸이를 조절할 수 있도록 세심히 의자를 만들었다. 그 아이가 성장하면서 의자도 함께 변화했다. 지금은 첨단 과학을 동원해 장애 아동용 자전거와 운동 기구까지 다양한 보조기구를 생산한다. 타인을 보살피는 마음이 결국 그들의 삶까지 지속 가능하도록 이끌어낸 것이다.

취약함을 보살피는 일상의 태도가 쌓이고 쌓여 정성을 기울인 사람까지 살리는 일이 일어날 때, 서구 전통에서는 이를 '은총'이라 부르고 극동 문화에서는 '복 받았다'라고 부른다. 보살핌이 자본주의 경제 속에서 혁신 전략이 될 수 있고, 혐오와 배제는 자본주의 셈법으로도 적자라는 것을 우드크레스트가 보여줬다는 생각에 짜릿했다. 하지만 표현하지 않았다. 셈 없는 이들 앞에서 셈하는 내가 너무 세속적이라는 생각이 들었으니까.

머레이가 안내한 마을에 있는 초등학교 4학년 교실에서 나는 또 한 번 찡한 순간을 마주했다. 전쟁 속에 있는 시리아 어린이들에게 보내는 진심 어린 연대 편지가 교실 한 벽을 메웠다. 머레이에게 아이들이 컴퓨터를 사용하는지 물었다. 우드크레스트 사람 모두 인터넷을 이용한다는 답이 돌아왔다. 연대를 위한 가장 빠른 소통 창이라고. 하기야 내가 연락한 방법도 이메일이었다. 나는 그들이 내가 사는 세상과 다른 시대에 있다고 여기는 나를 발견해서, 더구나 환대에 예의마저 풀어져 그런 속내를 흘려서 멋쩍기 그지없었다. 그렇다. 새 길이 세상과 소통하는 이익을 줄 수도, 침략의 도구가 될 수도 있듯 어떤 마음으로 사용하는가에 따라 현실은 달라진다.

마지막으로 들른 공동체 회관에는 그들의 정신이 어디서 와서 어디로 흘러가는지 보여주는 벽화가 있었다. 공동체에서 살다 세상을 떠난 이들의 웃는 얼굴이었다. 할머니와 할아버지부터 중년의 남녀 모습, 강보에 싸인 아기까지 가족사진처럼 어우러져 있었다. 언제나 미완으로 남을 벽화다. 다른 벽에는 티베트 스님, 아메리카 선주민 소녀, 남미의 힐러, 유대교 랍비, 자메이카의 가수 밥 말리 등의 모습이 환하게 그려져 있다. 머레이는 브루더호프에 영적 가르침을 준 스승들이라고 설명했다.

우드크레스트를 나올 즈음 왜 여성들이 로라 엄마 같은 옷을 입고 남성들도 옛날 농부 같은 모습인지, 왜 아이들의 옷에서도 새 옷 느낌이 나지 않는지 그 이유를 알 수 있었다. 마을에 어린 무채색 기운은 천 한 조각도 아끼며 모든 자원을 순환시키려는 그들의 검박함이었다. 그래서인지 그곳의 흙은 더 붉고, 침엽수 이파리들은 더욱 푸르러 보였다.

열여덟 살 적 골목에서 들려오는 캐럴 합창에 풀렸던 내 마음을 브루더호프에서 다시 만났다. '불자의 집'이라는 작은 팻말이 붙어 있던 우리 집. 그 안에서 모든 종교를 거부하던 나에게 골목의 캐럴은 그 밤 모두의 안녕을 기도하는 순한 마음들의 편견과 차별을 거둬낸 축복이었다.

어느 보름의
애도

2023년 11월 2일 수요일 오전 6시 15분, 단체 대화방에 조심스럽게 제안을 올렸다. 한국학교에서 만난 열한 명이 3년째 매달 책 읽고 토론해오고 있는 북클럽방이다.

"이태원 참사 희생자들을 위한 새크라멘토 분향소를 만들면 좋겠어요."

철학자 니콜라스 월터스토프의 말을 덧붙였다.

"모든 슬픔의 노래는 사랑의 노래다. 사랑의 노래가 더 이상 슬픔의 노래가 되지 않는, 그런 날이 언제 올 수 있을까?

눈물이 고인 눈으로 세상을 보리라. 그러면 이전에 마른 눈으로는 보지 못했던 것들을 볼 수 있게 되리라."

정오 무렵 함께하겠다는 첫 답글이 올라왔다. 연이어 세명이 더 나섰다. 나는 그날 저녁 8시 화상 회의를 공지했다.

회의 시간, 모니터에 다섯 명이 등장했다. 두 아이의 엄마유경 씨, 두 아이의 엄마이자 미술 선생님 선영 씨, 시어머니를 모시는 네 아이의 엄마 진희 씨 그리고 세 아이의 엄마인 간호사 선주 씨도 퇴근하자마자 들어왔다. 약사인 안나 씨는 응급실 근무로, 은아 씨는 피아노 레슨으로 못 들어오는 상황을 고하는 단톡방 알림이 이어졌다. 마음은 모두 모였기에 우리 다섯은 대표성을 얻어 곧바로 실무 논의에 돌입했다.

분향 장소는 한인 공동체가 보유한 유일한 공간인 한국학교로 상정했다. 각자 생각을 다듬어왔기에 필요한 준비물을 신속히 분담할 수 있었다. 명칭을 정하는 논의에서 생각을 섬세히 다듬는 토론이 이어졌고, 우리는 '이태원 참사 희생자 새크라멘토 분향소In Memory of The Itaewon Tragedy'로 결정했다. 한국어로는 희생자라는 점을 명시하고, 영어로는 기억하며 안전한 사회를 만들어 가겠다는 다짐으로 이어지길 바라면서 'memory'를 넣었다. 주관은 새크라멘토 한인회와 한국학교 학부모 일동으로 했다. 학부모회라고 넣기 위해 전체 학부모에게 제안하고 논의하려면 일주일이 걸리기에 추모 시기를 늦출 수 없어 결정한 일이다(다음 날 한인회는 먼저 제안해주어 고맙다는 인사와 함께 비용 일부를 맡았고, 학부모회에는 뜻을 알리고 동참하고자 하는 분들의 의사를 전달받았다).

회의 마지막에 왜 이 자리에 나왔는지 물었다. "희생자들이 제 아이와 같은 나이입니다" "답답한 마음을 나누고 싶어서요" "어떻게, 걸어가다 죽을 수 있죠?" "놀아도 괜찮다고 말해주고 싶어요. 모욕을 당해서는 안 됩니다" "세월호 때 아무것도 못 했어요. 뭐라도 해야 할 거 같아서요." 홀로 애도의 시간을 보내던 이들이 함께하고자 마음을 낸 것이다.

금요일 아침, 분향소 설치를 위해 여덟 명이 모였다. 고속도로를 1시간쯤 운전해 당도한 엄마들은 벽을 검은 벽지로 바르고, 검은 제단을 만들어 흰 꽃으로 단을 돋웠다. 촛대와 향로를 올리고 위패를 모셨다. 꽃을 꽂는 동안 70대 할머니 두 분이 다가왔다. "고맙다. 내 가슴이 아프다"를 연발하며 우셨다. 노인회에서 여는 '건강체조 교실'에 온 분들이다. 주위를 맴돌며 훌쩍였다. 숙연해지는 시간이 종일 이어졌다. 그날 헤어지면서 말미에 진희 씨가 말했다. **함께 준비하는 가운데 사회에서 받은 불신과 상처가 위로받기 시작했다고.**

토요일 오전 10시, 한국학교 선생님들과 고학년 학생들이 흰 국화를 올리며 분향소 문을 열었다. 그보다 이른 시각에 성당 구역장에게 소식을 들었다며 10여 명이 무리 지어 헌화하러 왔고, 중년 부부도 먼 거리를 달려와 분향소를 마련해주어 고맙다는 말을 남기고 떠났다. 저학년반 학생들을 이끌고 나온 선생님은 아이들에게 "한국에서 많은 사람이 돌아가셨습니다. 그분들을 위해 꽃을 올리며 위로의 마음을 전해요"라고 설명했다. 아이들은 진지하게 생각을 모으며 묵념으로 선생님의 말을 따랐다. 한 여고생은 방명록에 '영원히 기억하겠습니다'라고 적었다.

한국학교가 파한 토요일 오후, 검은 코트를 걸친 20대 남성이 "여기가 분향소 맞느냐?"라고 물으며 찾아왔다. 뒤이어 30대 여성도 조심스레 들어섰다. 한국 마켓에 붙은 포스터를 보고 온 이들이다. 알음알음 찾아와 숙연히 마음을 전하는 이들이 8일 내내 이어졌다. 일요일 아침 홈리스 셸터에서 식사 봉사를 하고 들른 10대부터 80대 할머니와 할아버지까지 그리고 직장인들도 출근 시간을 조절하며 꽃을 올렸다. 비 오는 화요일에는 멀리 떨어져 사는 중년 여성 두 분이 분향 약속을 하고 고속도로를 달려왔다고 했다. 세월호 때도 그 나이 아이들을 키우고 있었고, 지금도 다시 그 또래라며 눈물을 훔쳤다. 양초를 보충하려고 들른 한국잡화점에서는 사장님이 돈을 받지 않았다. 한국학교 졸업생 아빠인 미국인 케빈 씨는 분향소 지킴이를 자청했고, 한국인만의 참사가 아니니 이민자가 많이 들르는 인터내셔널 마켓 앞에서 전단지를 나눠주겠다고 나섰다.

순탄한 시간만은 아니었다. 한국학교 이사회에 예상치 못한 장소 사용료를 내야 했고, 분향소가 어린아이들 정서에 맞는지 염려스럽다는 의견과 파티에 갔다가 당한 사고가 아니냐는 거부감과도 마주해야 했다. 그 주 일요일부터 한국학교를 빌려 예배를 여는 교회에서는 분향 시간을 예배 뒤로 미뤄줄 수 있는지 물어왔다. 우리는 병풍을 이용해 입구에서 분향소 제단이 보이지 않도록 부분적으로 가렸다. 그래도 목사님은 설교를 분향 안내로 시작했다.

다섯째 날, 강당에서 열리는 건강체조에 온 할머니 중 몇몇이 큰 소리로 나누는 말이 강당 밖으로 넘어왔다.

"세월호…. 빨갱이…. 엄마들이 애들을 물들인다…."

그런 와중에도 할머니 한 분이 나와 묵념했다. 그리고 분향소 차릴 때 눈물지었던 일흔다섯 살 할머니는 검정 니트 정장을 차려입고 머리까지 곱게 손질하고 와서 헌화했다.

분향소를 지키는 우리의 대화도 익어갔다. 대학생 딸을 둔 간호사 진아 씨는 '내 아이들과 또래라서'라는 이유가 아니라, 자기여도 이태원에 있었다면 피해자 혹은 생존자가 되었을 것 같다고 말했다. 병원 복도에서 모퉁이를 돌며 마주 오는 사람과 대치되듯 갈팡질팡하는 순간이 생기기도 하는데, 그럴 때면 상대의 신체 조건을 재빨리 파악하고 자신이 먼저 지나간다고 했다. 상대가 자신의 굼뜬 걸음을 미안해하지 않게 그 상황을 풀 계산에서라고. 자신이 이태원에 있었다면 그 구간을 어서 통과하자는 생각에 당연히 앞으로 나아갔을 거라며, 결코 뒤돌아가거나 멈춘다는 생각을 하지 않았을 거라는 고백이었다.

아이 넷을 키우는 진희 씨는 막내 손을 잡고 나선 올해에야 비로소 핼러윈을 만끽했다고 말했다. 이민 생활 20여 년간 한국에 없던 핼러윈은 진희 씨에게 기괴하게 다가왔다. 매주 잔디를 깎아 멀끔하게 단장하던 집들이 해골과 귀신, 묘비로 을씨년스럽게 치장하고 낯선 이들에게 벌컥벌컥 현관문을 연다. 산책하다 스친 사람이 사탕 바구니를 들고 미소 짓고 있다. 이제 진희 씨의 핼러윈은 그런 밤이다. 길 가다 얼핏 본 사람들이 어디에 사는지 알게 되고 마을이 구체적인 누구누구로 연결되는 시간. 그렇게 핼러윈에는 공동체를 연결하는 힘이 있다. 이태원의 핼러윈도 그런 날이다. 생판 처음 본 남과도 흥겹게 사진 찍고, 나와 네가 주인공이 되는 신데렐라의 시간. 이태원은 발산하는 에너지를 담아온 공간이다.

마지막으로 분향한 사람은 울산 전국장애인체육대회에 미주 수영 대표로 참가한 청년이었다. 어머니가 한국계인 그 미국인은 울산에서 뉴스로 봤다며 눈시울이 붉어진 채 꽤 오랫동안 묵념했다.

진희 씨가 말했다. 사람들이 오든 오지 않든 일주일 동안 마음을 다하고 싶었다고. 1시간을 운전하고 와서 나흘을 지켰다. 우리는 준비와 마지막 정리까지 함께했다. 최근 새로이 일을 시작했기에 분향소를 지키고 출근하는 모습이 고단해 보였지만 진희 씨는 정성을 다했다. 이태원에 있던 생존자들에게도 '내가 여기서 당신을 염려한다'라는 진희 씨의 마음이 전해지기를.

사르랑
사르랑

아들이 지원한 대학에서 합격 발표를 하는 날이었다. 수
업이 끝나자마자 아들에게 문자가 왔다. 합격했단다. 학교에
서 아들을 데리고 집으로 들어서는데 낙하하는 4월 태양의
노을이 차창으로 쏟아졌다. 나와 아들을 붉게 물들였다. 차
에서 내리는 우리를 보고 옆집에 사는 멜 할머니의 셋째 딸
수잔이 손을 흔들었다. 반가움에 나는 "멜은 좀 어떠세요?"
라고 소리쳤다. 수잔이 느릿느릿 무겁게 걸음을 옮기며 다
가왔다. 내게 가만히 말했다.

"멜은 지난 12월 27일 이 세상을 떠나셨어요."
"… 몰랐어요. 그때 저는 한국에 있었어요."

아들도 낮은 목소리로 끼어들었다.

"아빠와 여동생이랑 남부 캘리포니아주에 있는 대학교를 둘러보느라 저도 여행 중이었어요. 제가 곧 졸업하거든요."

수잔은 아들에게 어느 학년을 졸업하느냐고 물었다. 아들은 고등학교를 졸업한다고 답했다. 나는 아들이 오늘 대학에 합격했다는 말을 해서 조문도 못 한 그 미안한 상황을 합격 축하로 옮길까 봐 조바심이 났다. 서둘러 끼어들었다.

"수잔, 멜의 마지막은 어떠셨어요? 평안하셨기를 바라는데요."

"멜은 혼자 떠나셨어요. 그 밤에는 아무도 곁에 두지 않고 새벽이 오기 전에 홀로 가셨답니다."

"멜이 선택하신 것 같네요. 지난해 엔로 할아버지가 돌아가셨을 때, 멜이 건강해 보여서 얼마나 안도했는지 몰라요. 여름에도 걸으러 나오신 모습을 보고 '아, 한국에 있는 여든네 살 저희 엄마도 10년은 거뜬하시겠구나' 위안받았어요."

"12월 들어 안 좋아졌어요. 의료진이 집에 왔고 다들 긴장했는데 다행히 회복하셨죠. 그러다가 20일경 호스피스가 우리 형제자매를 모아놓고 준비해야겠다고 하더군요."

지난겨울 한동안 멜의 집 앞에 자동차가 즐비했다. 무슨 일이 생겼나 걱정했다. 곧 다시 메리와 수잔의 차만 있기에 나는 안도했고 일상에 몰두했다. 마쳐야 할 취재가 있어 12월 초 한국으로 떠났던 것이다.

"우리 가족 모두 어머니와 마지막 일주일을 함께했습니다. 이웃도 초청해 작별 인사를 나누는 시간도 가졌죠. 정말 여러 분이 오셨어요."

멜은 호두밭이던 동네를 택지로 개발한 1962년부터 이곳에 살았다. 내가 이사 온 2008년, 멜의 집 앞과 모퉁이에 있는 집에만 거대한 호두나무가 있었다. 나무 둘레가 어른 둘이 팔을 벌려 둘러야 겨우 잡힐 정도였고, 가을이면 차가 지나갈 때마다 타다닥 호두 깨지는 소리가 울렸다. 그리고 새들이 내려앉았다. 멜의 그 호두나무는 수명을 다해 멜과 나와 우리 아이들이 "잘 가"라는 인사를 건넨 며칠 후 베어졌다. 9년이 다 되어간다.

멜의 집과 같은 해에 지은 우리 집 역사도 멜에게 들었다. 캘리포니아주에서는 미드 센추리 모던 건축이 각광받았는데, 멜의 집과 우리 집은 샌프란시스코에서 활동하던 건축가의 영향을 받은 디자인이라고 했다. '그럼 짝퉁 에르메스라고 해야 하나?' 아리송한 기분이 들었다. 우리 형편에 그 동네에 들어온 것이 신기했고, 그 동네에서 우리가 가장 가난할 거라는 주제 파악을 하였기에 짝퉁으로 분류했다. 멜의 집 안을 보고서야 얼마나 단출하면서도 쓰임이 다양하고 아름다운지 진가를 알 수 있었다.

윌하겐Wilhagen이라 불리는 이 동네는 전에 살던 집과 남편 직장의 중간에 위치했다. 강을 따라 놓인 자전거길로 가도 20분이면 직장에 도착한다. 첫 집의 주택 할부금을 모두 상환할 즈음 이사할 발판을 마련할 수 있었다. 2008년이었다. 월가가 붕괴했다. 집값이 급락했다. 좀체 요동 없던 윌하겐의 집값도 하락했다. 부동산 중개인이 이 집을 강권했다. 우리는 20개월 된 딸, 네 살 아들과 함께 주눅 든 마음으로 이사했다.

이삿짐을 내리던 오후, 아이들은 텅 빈 거실에서 뛰어다녔고 노크 소리가 들렸다. 70대로 보이는 할머니가 서 있었다 (당시 멜은 여든세 살이었다). 날씬한 몸에 검정색 바지와 솜으로 누빈 자주색 패딩을 입었지만, 귀밑 1센티미터 정도의 은발 단발머리에 이마가 드러나게 핀을 꽂은 모습이 여느 할머니와 달랐다. "옆집에 살아요"라며 자신을 멜이라 부르라고 했다. 햇살 같은 미소로 환영한다는 인사도 잊지 않았다. 그리고 쪽지를 건네주었다. 전화번호가 적혀 있었다. 나는 "남편은 이삿짐을 마저 챙겨오느라 이삿짐센터 인부들과 나갔어요"라고 알리며, 남편의 직장을 밝혔다. 백인 동네에 들어온 아시안으로서 우리의 신분을 보장할, 이 동네 사람들이 다 아는 직장명을 밝혀 나와 할머니를 안심시키고자 했다.

이사 첫날, 새 이웃을 반기러 자기 연락처를 들고 온 경우는 한국에서도 미국에서도 처음이었다. '나도 앞으로 이렇게 해야지'라고 다짐했다. 하지만 15년이 흐른 지금까지 새 이웃을 세 집이나 맞으면서 그러지 못했다. 멜의 정성은 특별했다.

수잔은 내게 멜의 마지막 순간을 전했다.

"아버지가 돌아가시고 제가 엄마와 1년 가까이 지냈는데, 그날 밤에는 11시 무렵 제게 손짓으로 가서 자라고 하더군요. 더 있겠다고 했지만 원치 않았어요. 잠시 눈을 붙이고 2시경에 엄마 곁으로 왔는데 떠나셨어요."

"멜다운 모습이에요. 제게 멜은 홀로 무언가를 충만하게 하고 있는, 그것이 연속되는 시간으로 남아 있어요. 차분한

231

기운에 감싸인 멜에게 저는 자석에 이끌리듯 다가가 제 이야기를 하곤 했죠. 멜은 제 말에 귀 기울였습니다."

나는 수잔에게 내가 기억하는 멜의 모습을 들려주었다.

나는 멜의 발걸음에서 봄이 오는 소리를 들어왔다. 분홍 스웨트셔츠 차림으로 차고 문을 올리고 사부작사부작 움직이던 멜의 봄맞이는 곧 '사르랑 사르랑' 쇳소리로 바뀌었다. 그는 삽을 꺼내 콘크리트 구간을 사르랑 사르랑 지나 앞마당에 앉은뱅이 봄꽃을 심고 땅을 돋웠다. 다시 사르랑 사르랑 삽을 끌고 울타리 문을 지나 뒷마당으로 들어갔다. 그렇게 해가 뜨거워지기 전까지 꽃과 나무를 살폈다. 수선화가 춤추고, 철쭉이 잔가지를 내리고, 장미가 멜이 잡아준 방향에 따라 가지를 뻗는 봄날들이었다.

집을 처음 보러 온 2008년 10월 어느 날, 나는 오래된 집에 빽빽이 들어찬 초록에 마음을 빼앗겼다. 옆 마당엔 서향 동백 여섯 그루가 붉은 꽃을 코르사주처럼 달고 있었는데, 겨울이면 선운사 동백숲의 정취를 내줄 것 같았다. 뒷마당을 뒤덮은 아이비들은 비밀의 숲으로 안내하는 듯했다. 그 중간에 있는 아이비 덩굴로 둘러싸인 서양식 정자 가제보는 아이들과 나의 온갖 이야기를 품을 보석상자로 보였다. 동쪽 울타리를 따라 이웃집과 한 덩어리로 어우러진 작은 대나무숲은 바람이 불면 담양 소쇄원처럼 '죽뢰竹籟' 소리를 낼 것 같았다. 댓잎이 부딪쳐 파도 소리처럼 '쏴아– 쏴아–' 퍼지는 바람 소리 말이다.

그런데 정작 이사 와서 마주한 에메랄드빛 신비는 허접했다. 그것은 20년 가까이 돌보지 않은 정원이 어떻게 물과 햇빛으로 무성해질 수 있는지를 알리는 증언이었다. 전 주인은 날아온 씨앗에서 발아한 싹에 물을 대 남들은 잡초라 부르는 풀을 나무만큼 자라게 했다. 멜의 말을 모아보면 내가 사랑하는 대숲은 옆집의 전 주인이 심은 것으로 이웃은 베었지만, 우리 집 쪽에서 관리하지 않아 이제 우리 집에 터를 잡고 다시 동네로 퍼져가는 중이란다. 강한 번식력에 인근 시에서는 금기하는 수종이었다. 아이비밭은 온 동네 쥐들의 피난처였고, 가제보는 나무 기둥뿐 아니라 지붕도 녹아내리고 있었다. 온 마당을 갈아엎어야 했다.

그해 12월, 앞마당에서 멜이 다육이를 손질하고 있었다. 멜의 집은 차도에서 현관으로 이어지는 둔덕에 널찍한 돌을 차례로 놓아 계단을 이루도록 했는데 그 돌 틈에 멜이 다육이를 심어놓았다. 바로 그 돌들 위로 웃자란 다육이의 마디를 잘라 다른 곳으로 옮기는 중이었다. 여느 집들과 달리 잔디가 없는 정원이다. 1980년대 중반 멜이 잔디를 걷어내고 물 부족에 시달리는 캘리포니아 생태에 맞게 바꿨다. 멜에게 우리 집 정원에 있는 나무와 꽃을 다시 배치하려 한다고 말했다. 멜은 반기며 나를 집 안으로 이끌었다. 그러고는 탁자에 신문지만 한 모눈종이를 펼쳐놓고 정원 설계법을 설명하기 시작했다.

큰 나무와 관목, 꽃나무 등을 배치하는 방법이었는데 나무 사이 간격과 꽃을 배치하는 요령을 모눈종이 눈금에 맞게 균일하게 그려야 한다며 설명했다. '나는 이렇게까지 전문적이고 싶지는 않은데…' 하는 생각에 집중이 흐려졌다. 멜이 눈치챘는지 캘리포니아 나무와 꽃 도감을 꼭 사라고 이르며 설명을 마쳤다. 서울시 전화번호부만큼 두꺼운 책이다.

이 긴 이야기를 대강 뼈대만 추려 수잔에게 전하는데, 모기 한 마리가 주위를 맴돌았다.

"멜은 당신의 정원을 참 좋아했어요."
"아! 또 하나 잊을 수 없는 순간이 있어요. 한국에서 나온 영문 잡지를 드리러 갔을 때였는데, 초인종을 누르려는 찰나 안에서 피아노 연주 소리가 났어요. '라디오를 트셨나?'

하고 서 있다가 노크했는데 음악이 끊기고 멜이 나왔습니다. 피아노를 치고 있었다며 예순 살부터 치기 시작했다고 하더라고요. 쇼팽이었어요."

"어머니는 어려서 피아노를 쳤는데, 아이 키우며 멈췄다가 네 남매가 다 집을 떠난 뒤 다시 시작했죠."

"아름다운 연주였어요. 그런데 수잔…, 솔직히 말하면 저… 충격받았어요. 마음을 가라앉힐 나만의 시간이 필요해요. 들어가서 멜을 위해 절도 올리고 기도도 하고 싶습니다."

내 말은 울먹임으로 바뀌었고 눈물이 고였다. 수잔이 나를 안아주었다. 부고를 모르고 지나친 미안함을 표현하고자 의연했다고 생각했는데 어쩌면 멜의 떠남을 가슴으로 받아들이지 못한 어정쩡한 시간이었나 보다. 포옹을 풀고 돌아서는 내 얼굴은 눈물로 범벅이 되었다.

나는 기러기처럼 엉엉 울며 마당 한쪽에 있는 내 작업실로 들어갔다. 화장실 바닥에 주저앉아 고개를 하늘로 꺾고 울었다. 눈물을 타고 시간이 거슬러 오르기 시작했다.

2009년 1월 1일, 멜 할머니의 초대를 받았다. 집을 보러 왔을 때, 전 주인이 옆집을 가리키며 새크라멘토 최고 부자라고 했다. 공항 인근에 조성한 신도시가 모두 할아버지 땅이었다. 집 규모나 멜과 엔로의 옷차림을 보면 상상이 가지 않았다. 그래도 나와는 다른 계층인 그들의 초대인 데다 정초에 남의 집에 간다는 생각에 조심스러웠다. 네 식구가 차려입고 갔다. 그들의 아들, 며느리, 딸, 사위, 손자, 손녀 그리고 내 아들 또래의 증손자까지 모두 집에서 입는 가벼운 차림으로 둘러앉아 있었다. 미국 남부 태생인 멜은 1월 1일 남부 음식을 먹는 전통을 지킨다며 손수 장만한 음식을 소개했다. 말린 채소를 푹 곤 시래기 샐러드가 유독 내게 정감 있게 다가왔다. 멜의 안내대로 발사믹식초를 한 바퀴 두르고 입에 넣자 풍미가 그만이었다. 마치 시래기가 '자네, 내게도 한때는 푸릇푸릇한 시절이 있었네!'라고 일깨워주는 것 같았다. 새해 첫날 봄을 맛보니 마음이 부풀어 올랐다. 그때 남편이 한 중년 남성을 가리키며 빠르게 속삭였다. 전 연방하원의원이라고. 민주당이 우세인 새크라멘토에서 유일하게 공화당 연방하원의원이 나왔는데, 바로 멜의 아들이었다. 그가 조지 부시 전 대통령과 찍은 사진이 거실 커튼 옆에 걸려 있었다.

그해 봄이 오는 길목에서 나는 온 마당을 뒤덮으며 잡목을 솎아냈다. 앞마당에 있던 단풍나무와 장미, 산딸나무는 일조량에 맞게 안마당에 재배치하고 할머니 집과 경계에서 무성하게 자라던 나무들을 정리했다. 멜의 손도 덩달아 바빠졌다. 경계에 있던 사향나무 대부분이 그늘졌던 시간 동안 맨 앞 나무의 반도 안 되게 자라 있었다. 멜은 이 나무들을 앞뒤로 자리를 바꿔 햇빛을 듬뿍 받게 해주었다. 철쭉들은 일조량이 적은 곳으로 옮겨주었다. 멜이 꽃나무를 돌보는 동안 나무들 밑에 있던 수선화 알뿌리가 쑥쑥 올라와 노랗게 노랗게 한들거렸다.

그 이듬해 여름이었나 보다. 7월인데 아침부터 기온이 올라갔다. 공원 미끄럼틀이 재빠르게 달아올랐다. 아이들을 챙겨 서둘러 집으로 돌아오는데 멜의 앞마당에서 하얀 헝겊 조각들이 낙하산처럼 풀썩거렸다. 가까이 가보니 손수건만 한 차일이었다. 철사로 네 기둥을 세우고 하얀 면포를 잘라 끈을 꿰매 묶어놓았다. 두 군데에 쳐져 있었다. 그 아래 새순이 올라오는 것이 보였다. 여린 가지를 보호하려는 멜의 파라솔이다! 몇 년 후에도 한 번 더 등장했다.

하루는 골목으로 자동차들이 줄줄이 들어서고 고운 옷을 차려입은 할머니들이 멜의 집으로 들어갔다. 그날 오후에 멜이 우리 집 초인종을 눌렀다. 멜은 "오전에 차가 많아서 불편했지?" 하며 한 달에 한 번 시 낭송 모임을 하는데 나한

테도 함께하지 않겠느냐고 제안했다. 막내까지 학교에 다니기 시작하던 때였고, 또 내가 글을 쓴다는 것을 멜도 알게 되면서 건넨 초대였다. 잠을 덜어가며 한밤까지 일하던 시기여서 나는 "시간이 날지 잘 모르겠어요"라고 얼버무렸다. 그때 함께했다면 미국 생활에 뿌리를 내리는 데 좀 더 도움을 받았을까?

멜은 매일 1시간 정도 동네를 걸었다. 아흔 살 넘어서는 양손에 산악용 지팡이를 쥐고 나왔다. 그때부터 나나 아이들이 뒤에서 불렀을 때, 멜은 바로 응답하지 않고 몇 초 뜸을 들인 뒤 손 흔들며 반겼다. 본인이 균형을 잃지 않고 안전하게 서 있을 수 있을 때 상대에게 반응한 것이다. 나는 멜이 일상에서 마음챙김Mindfulness이라 불리는, 현재에 마음을 다하는 태도를 유지한다고 해석했다. 걸을 때도, 짐을 옮길 때도 그 행위에 마음을 가져와 집중을 놓지 않았다. 당시 나는 초등학생인 아이들에게 주의를 주었다. 특히 멜 할머니가 계단을 오르내릴 때는 아무리 반가워도 부르지 말고 꼭 옆에 가서 인사하라고. 아이들은 울적하거나 심심할 때, 할머니를 발견하면 다가가 어정거리고 눈을 맞춘 다음 실컷 수다를 떨고 들어오곤 했다. 딸은 지금도 할머니와 나눈 수다를 행복하게 되새긴다.

비바람이 분다. 빗방울이 더욱 거세질 기세다. 어쩌면 밤 사이 집 앞 배수구가 떨어진 꽃잎에 막혀 커다란 물웅덩이로 변할지 모르겠다. 10년 전, 밤에 퍼붓고 해가 뜨면 잦아들던 빗줄기가 오후 늦게까지 땅이 꺼지도록 쏟아졌다. 낙엽이 배수구를 막아 멜과 우리 집 앞마당으로 성큼성큼 물이 차기 시작했다. 수영장만 한 웅덩이가 생기고 아이들이 창문에 매달려 바라보는데 트럭 한 대가 들어왔다. 우비에 장화를 신은 아저씨 둘이 거침없이 물속으로 들어가더니 허리 숙여 배수구에 낀 낙엽을 건져내기 시작했다. 멜의 아들과 또 다른 한 명이었다. 전 연방하원의원이 배수구에 손을 담그고 어깨를 적시며 1시간 정도 씨름했다.

그해 가을 또 한 번 배수구가 범람하려 할 때, 이번엔 내가 장화를 신고 낙엽 긁는 갈고리를 들고 배수구로 갔다. 낙엽을 헤집은 지 20분이 지나도 종아리에서 찰랑거리는 수면이 낮아지질 않았다. 그때 집으로 오던 멜이 차를 세우고 낙엽 긁는 갈고리를 가져와 멀리서부터 낙엽을 보도 위로 올려놓으며 다가왔다. 그제야 밀려드는 낙엽이 줄어 나도 움직일 수 있었다. 물 밖에서부터 낙엽을 높은 곳으로 치우며 들어가는, 여든일곱 살 할머니의 힘 쓰기는 지혜로웠다.

멜이 아흔세 살이던 때였을까? 그가 골목 한가운데에 가만히 서 있는 모습을 보았다. 나는 아이들을 학교에서 데려오고 있었고 주차 후 웃으며 다가갔다. 내가 부축해도 되겠느냐 물으니 "갑자기 힘이 빠졌어. 부탁해도 될까"라고 했다. 멜의 손을 잡고 현관까지 걸었다. 하이킹 신발의 끈을 풀어주고 멜과 함께 벤치에 앉아 숨을 골랐다. 그리고 집으로 돌아오는데 현관 앞에 앉아 지켜보던 딸이 손뼉을 쳤다.

"참 잘했어요, 엄마!"

그 이후로 나는 꽤 바빠졌고 멜은 밖에 나와 머무는 시간을 줄였다. 엔로 할아버지가 첫 뇌출혈로 쓰러진 시기도 그즈음이었던 것 같다.

화장실에서 엉엉 울며 멜과의 시간을 들춰내는데 알고 보니 그건 내 시간이었다. 안쓰럽고 힘들어 보이던 서른일곱 살에서 마흔다섯 살 시절의 나. 멜과 자주 엮던 시간의 씨줄과 날줄. 그 안에는 마흔이 되던 해의 봄날도 있다. 나는 남편에게 소리쳤다.

"내가 당장 여기서 사라져도 아무도 날 기억하지 못할 거야! 내가 사라진 줄도 모를걸!"

그때는 내가 머무는 그곳에서 나도 모르는 사이 나와 남이 레드우드 잔뿌리가 엉키며 지탱하듯 서로 얽히고 있다는 것을 알지 못했다.

19년 전 아버지가 돌아가신 이후 누군가의 부음에 이 정도로 서럽게 울어보기는 처음이다. 혹시 자기 연민일까? 과거의 나를 애처로이 여기며 '나'를 중심에 놓고 지나온 시절을 바라보는 것 말이다. 그렇게 납작 눌러놓기에는 멜과 나 사이에 페이스트리처럼 겹겹이 부풀어 오른 여러 얽힘이 들어차 있다.

　　내 과거를 돌아볼 때, 그 상태를 관조할 만큼 힘을 얻는 것은 그 시기에 나를 지탱해주던 관계들이 있었기 때문이라고 생각한다. 관계의 대상은 사람이었을 수 있고, 들판이었을 수 있고, 이른 봄 땅을 뚫고 올라온 튤립이었을 수 있다. 힘들었던 내가 먹고 숨 쉬던 시간에 공존한 모든 것의 보살핌을 받았을 테니 말이다. 그러니 멜을 기억하며 꺼이꺼이 울다 만난 '나'가 거기 그 얽힘 속에 있을 수밖에. 이 회상을 자기 연민이라고 주저앉히지 못하는 이유다.

　　내 안에 들어온 멜이 있어 나는 멜과의 작별이 슬펐다. 그리고 멜을 향한 시간은 과거의 나와 새로이 조우하는 과정을 통과해야만 했다. 멜과 나눈 숨과 감정이 생생히 일어났고 그러하기에 더 서럽고 고맙고 사무칠 수밖에 없었다.

　　초인종 한 번 누르지 못하고 봄이 오면 그저 멜이 지지대를 밀고 집 앞에 나오길 멜의 집을 멀뚱히 보며 기도한, 미련한 내가 아쉬워 복받쳤다. 떠난 줄도 모르고 내 마음 다치지 않으려고 회피한 시간. 아무것도 모르려고 머뭇거린 그 시간이 너무도 미안해서 느닷없이 만난 '멜과 함께한 나'에게도 부끄러웠다.

잘 가요, 멜.

땅으로 꺼진 자존감에 포박당한 서른일곱 살의 나에게 눈 맞추며 다가온 그날부터, 한때 숨 못 쉬어 답답해하던 내가 숨 쉬는 곳으로 건너가게 겨드랑이 한쪽 거들어주며 지금껏 함께해준 내 수호천사여. 안녕….

마당에 오렌지꽃 향기가 분분하다. 분홍동백도 활짝 피었다. 작약도 두 뼘이나 올라왔다. 그 대단한 꽃들이 고요히도 나오고 있다.

해방 찾기

"물질은 인자보다 내가 더 잘한다."

여든여섯 살 강희선 할머니가 말했다. 동갑내기 친구인 김인자 할머니의 해녀 스케치를 보다 샐쭉대며 한 말이다. 그림 선생의 눈이 휘둥그레졌다.

'마음속 또 다른 상자의 빗장이 풀린 걸까?'

제주 중산간 선흘 마을로 서울내기 그림 선생 소연이 들어오면서 선흘 할망 여덟 분이 그림 수업을 시작했다. 1년 반이 지났다. 선생과 여덟 할망은 거의 온종일 붙어 지내며 선흘 마을 동백 꽃송이만큼 수북이 정을 쌓아왔다. 할머니들의 맘고생, 몸고생 사연이 그림 선생에게로 흘러들었다.

소 키우고 말 키우고 귤 거둬 팔고 자식 키우며, 숱한 죽음과 탄생 사건을 건사해온 묵은 이야기였다. 그 속에 4·3 때 돌아가신 가족 이야기는 새어 나왔어도 바닷속 이야기는 없었다. 그림 선생도 물질은 바닷가 일이려니 여겼고, 한라산 기슭에선 이를 하대하는 분위기라는 말도 들었기에 그러려니 했다. 숨 참고 하는 일이라 그런 걸까? 여든세 살 김인자 할머니, 여든네 살 오가자 할머니, 강희선 할머니가 처녀 적에 물질했다고 터트린 과거지사는 일종의 커밍아웃처럼 느껴졌다. 제주해녀박물관에서 벌어진 일이었다. '내 고단했던 그때'를 어르는 포옹의 시간이지 않았을까?

그림 선생과 할머니들은 요즘 미술관 순례를 하고 있다. 2023년 6월 3일에는 제주해녀박물관에서 스케치를 했다. 다음 날 채색을 하고 한 줄 느낌을 적어 완성했다. 김인자 할머니는 무명을 바느질해 입던 '소중이'라는 잠수복과 물질 도구인 테왁과 비창을 그리고 '시렵주게 어렵주게'라는 제목을 붙였다. 그리고 이렇게 사설을 달았다.

"열일곱 살, 이 해녀 소중이 입었다. 미역 조무랐다."

육지 말로 옮기면 '시렸고 얼었다'라는 제목이다. 육지에는 벚꽃이 필 계절이지만 바닷속은 몸이 얼어붙던 날들이다. 미역 한 축을 나무 한 그루처럼 땅에 붙은 미역귀까지 온전히 캐서 올라와야 제값을 받았다. 그 열일곱 살 소녀의 서러운 몸을 녹이는 마음으로 〈시렵주게 어렵주게〉가 그려진 시간이었다.

2021년 대안학교인 볍씨학교의 미술 선생으로 온 소연은 학생들을 이끌고 마을로 나갔다. 할머니들 집의 창고를 정리해주며 50년 넘게 묵은 살림살이 속 제주의 삶을 흡수하는 수업을 했고, 마당에 이젤을 폈다. 소연은 마늘을 묶고 양파를 늘어놓는 할머니에게 말을 걸었다. 학생들의 스케치북마다 목탄 선들이 율동했다. 그리고 어느 화창한 아침, 여든여섯 살 홍태옥 할머니가 그 목탄이 나무를 태운 막대인 것을 알게 된다. 당신이 잘 아는 숫굼대기(그을음이나 숯가루 등을 일컫는 제주도 사투리)라니 만만했다. 손에 잡고 허공을 한 번 가르고는 스케치북에 선을 긋는다. 할머니들의 해방 여정이 시작되었다.

할머니들은 소연의 안내에 따라 막 뽑아온 무를 그렸고 동백동산에서 주워온 도토리도 그렸다. 참외, 브로콜리, 옥수수, 오이…. 모두 다 직접 키운 작물이다. 그런데 매양 같

245

은 질문을 놓지 않았다.

"그걸 그려도 돼?"

그림이란 화가가 그려야 하고 뭔가 대단한 걸 그려야 한다는 마음의 장벽을 넘지 못했다. 소연은 단호했다.

"할머니, 우리는 모두 그림 그리는 인류예요. 4만 년 전에도 동굴에서 그림을 그렸어요."

어느 날 강희선 할머니가 그림 선생 소연에게 속삭였다.

"팬티를 그려도 될까?"

소연은 반겼다. 그러자 할머니가 "할망 팬티인데…"라며 주춤거렸다. 반나절이나 소연의 응원을 받고 나서야 할망은 세밀한 〈인주 팬티〉를 그려냈다. 그림을 완성한 강희선 할머니의 첫마디는 "속이 뻥 뚫렸다"라는 탄성이었다. 그리고 실패하고 또 그리는 사이 온갖 이야기가 헤집고 올라왔다. 곱씹기도 하고 어르기도 하며 놓아주었는데 응어리들이 씻겨나갔다.

선생과 제자의 해방 여정은 강력했다. 마을 영농조합에서는 할머니들의 그림을 스티커로 만들어 선흘에서 나가는 귤 상자에 붙이겠다 했다. 아이들은 할머니들과 함께 그림을 그리자 했다. 엄마들은 도시락 사업을 열었다. 그제는 할머

니들의 작물 그림을 스티커로 붙이겠다며 전복과 미역 그림
도 그려달라는 요청이 들어왔다. 그림을 그리면서 내 안을
정리하고 펼쳐 보이며 남의 마음도 풀어주다 보니 마을에
생기가 돌았다고나 할까?

할머니들의 그림 수업 여정은 '너도나도 해방 찾기 사용
설명서'와 같다. 빈 종이 한 장과 연필 한 자루면 충분하다. 그
림이 당신을 끌고 갈 것이다. 숨을 틔우는 마음 해방구로 가는
길이다. 그 길에서 웅크린 아이가 고개 들어 눈을 맞춘다면 팔
벌려 안아주면 된다. 다 괜찮다.

마이너리티에서
마이너리티에게로

2012년 4월 23일, 스위스 제네바.

인터넷소사이어티Internet Society, ISCO 창립 20주년 콘퍼런스 현장이다. 인터넷 명예의 전당에 올릴 새 이름을 호명했다.

"아시아 국가들이 마침내 인터넷 세계를 구현하도록 이끈 인물입니다. 전길남! 그의 이름을 명예의 전당에 올립니다!"

박수가 터져 나왔다. 의자에서 일어난 전길남이 마이크 가까이 다가갈 때까지 세차게 이어졌다. 전길남은 하나의 질문으로 수상 소감을 시작했다. 그 장소를 메운 세계 컴퓨터 과학기술 리더들에게 건넨 물음이었다.

"이 연회장을 나가자마자 더는 인터넷에 접속할 수 없다면, 여러분은 무엇을 하겠습니까? 오늘날 인터넷 이용자는 20억 명입니다. 나머지 50억 명이 아직도 인터넷에 접근하지 못하고 있는 게 현실이죠. 바로 제가 집중하는 부분입니다. 어떻게 하면 그 50억 명에게 인터넷을 공급할 수 있을까요? 다들 한 달에 100달러 정도를 버는 사람이에요. 지금 우리는 무엇을 해야 할까요?"

그의 연설은 커뮤니케이션과 제도적 인프라를 만들자는 요구로 이어졌다. 물론 전길남은 10년이 지난 지금까지 아프리카에 인터넷을 구축하기 위해 헌신하고 있다. 그가 직접 조언하고 인력 개발까지 도운 나라가 아시아와 아프리카에만 52개국에 이른다. 컴퓨터공학자이자 시스템엔지니어로 '한국 인터넷의 아버지'라고 불리는 그는 1982년 5월 15일 미국에 이어 세계 두 번째로 한국에서 인터넷 개발에 성공했다. 그는 컴퓨터와 컴퓨터를 연결했다. 그렇게 정보 세계에서 물리적 이동 거리를 지워버렸다.

2024년 7월 초, 제주 전길남 선생 댁에서 질문을 하나 했더랬다.

"선생님은 지구인 같습니다. 세상을 국가로 나누어 바라보지 않는 것 같아요. 어떻게 소속에서 자유로운 거죠?"

그가 말했다.

"제 인생은 원래 차별에서 시작했어요. 일본에서, 미국에서. 그리고 한국에 와서도 교포라고 차별받는 일을 겪었습니다. 어떤 근거가 있더라도 저는 차별하는 것을 참을 수 없습니다."

전길남은 1943년 벽두에 일본 오사카에서 태어났다. 포목 도매업을 한 그의 부모는 지역 상권을 틀어쥔 거상이었지만 자녀에게 집에서도 일본말을 하라고 할 정도로 몸 사리는 여느 재일동포와 다름없었다. 그는 일본에서 대학까지 마치고 미국으로 건너가 공학박사 학위를 받았다. 미항공우주국NASA 제트추진연구소에서 연구원으로 일하다가, 당시 유능한 공학자 모셔오기에 열 올리던 한국 정부 초청으로 1979년 한국에 정착했다. 열여덟 살 전길남이 계획한 인생 설계대로 이룬 것이다.

전길남은 고등학교 3학년 때 더는 일본에서 살지 않겠다고 생각했다. 그 무렵 일본의 인구는 1억이었고 외국인은 1퍼센트인 100만 명 남짓이었다. 그는 차별에서 벗어나기란 불가능하다는 결론을 내렸다. 60~70억 지구인 중에서 1억 인구, 그 가운데 1퍼센트로 사는 인생에 에너지를 쏟을 이유가 없다고 여겨서다. 그렇다고 억울한 차별을 경험한 것은 아니다. 어쨌든 일본 사회 분위기는 찬바람에 살갗이 곤

두서듯 그의 내면으로 스며들었다. 고등학교에 입학하고 우리네 주민등록초본 같은 서류를 내야 할 때, 좀체 책가방에서 꺼내놓기가 머뭇거려졌다고 말했다. 일제강점기에 경상도에서 일본으로 이주한 그의 부모님 이력이 기록된 증명서다. 담임 선생님은 두 학생이 내지 않았다며 직접 교무실로 가져오라고 호령했다. 다른 한 명은 길남의 중학교 시절 단짝이다. 길남은 교무실에서 그 일본인 친구의 어머니가 첫 부인이 아니라는 것을 알게 되었다고 한다. 당시 일본 사회는 배제와 차별에 무지했다. 경제가 고속 성장하고 있었지만 주요 기업과 기관에서는 배제를 당연시했다. 성적이 우수한 재일동포 학생들이 일본 사회에 비집고 들어갈 유일한 통로로 의대를 선택하던 때다.

세상 물정에 눈 떠가던 청소년기, 그는 자신을 둘러싼 모든 것이 한 꺼풀 벗겨지는 강렬한 순간을 맞는다. 1960년 대한민국에서 4월 혁명이 일어났다. 전길남도 한국 민주화 항쟁 소식을 일본 신문으로 접하고 있었다. 가슴이 뜨거워졌다. 그해 일본에서도 미일 안전보장조약 개정에 반대하는 대학생과 고교생 시위가 전국적으로 일어났는데, 그도 거기에 있었다.

6월 하순, 오사카에서 대규모 학생 집회가 열리던 날. 5천 명이 운집한 집회에서 전길남에게 고교생을 대표해 선언문을 읽으라는 주최 측의 요청이 들어왔다. 5분 있으면 단상에 올라야 하는데 전길남은 초안을 읽으며 '우리나라의 민주주의를 지키기 위해서…'라는 문장에 말문이 막히고 말았다. 일본을 '우리나라'라고 할 수 없어서다. 그는 민주주의를 위해 나섰다. 그런데 그가 '우리나라의 민주주의'란 말 앞에서 떠올린 것은 4월 19일에 떨쳐 일어난 한국 학생들이었다. 그는 일본인 부학생회장에게 연설문을 넘겼다.

열여덟 살 전길남은 한국으로 돌아갈 경로를 모색했다. 그때 공학을 공부해 모두에게 도움을 주는 사람으로 돌아가겠다고 계획한다. 우선 넓은 세상으로 나아가 세계적 반열에 있는 과학기술을 익히겠다고 마음먹었다. 그렇게 결정한 미국행이다. 미국에서 한국으로 올 때도 또 한 번 깊이 고민했다. '한국에만 100퍼센트 매달려야 할까?' 내면에서 올라온 목소리다. 일본을 떠나 미국 생활을 한 지 10여 년이 흐르면서 세상을 보는 그의 시각이 달라져서다.

1966년 미국에 당도한 그는 당시 받은 충격을 잊지 못한다. 베트남 전쟁이 한창이던 그때, 미국 대학의 캠퍼스는 반전 집회로 물결쳤다. 시위는 그에게 격랑으로 몰아쳤던 일본에서의 저항을 불러일으켰다. 어느 날 그 반전 집회 한가운데에서 맑고 고운 목소리가 울려 퍼졌다. 눈 시리게 푸른 하늘에서 햇살 쏟아지듯 그 목소리가 내려앉았다. 가수 조안 바에즈가 하얀 드레스를 입고 노래하였다. 그 순간, '아! 이런 식으로도 저항할 수 있구나!' 하는 각성이 일었다. 그다음 이어진 우드스톡 공연도 사람들을 깨우는 또 다른 방식을 보게 했다. 그때 여러 방식으로 세상을 이롭게 할 수 있다는 시야를 열었다. 그동안 자신이 너무 작은 틀 안에서 생각했다는 것을 알아차렸다. 태평양 너머 공간에서 자신이 있던 지역을 조망하며 세상을 이해하는 그의 방식도 달라졌다.

전길남은 세상을 선진국, 개발도상국, 후진국이라는 산업화 단계로 구분하는 어휘를 쓰지 않는다. 그보다는 글로벌 북부Global North, 글로벌 남부Global South라는 말을 쓴다. 서구 문명, 즉 북반구Global North가 과학기술 분야를 주도해온 것은 사실이다. 그러나 당시 새로 펼쳐질 인터넷 과학 분야는 동양 문명도, 글로벌 남부도 그들과 발맞춰 나갈 수 있다는 자신감이 있었다. 결국 그는 자신의 시간 중 50퍼센트는 한국에 쓰고, 나머지 50퍼센트는 아시아에 쓰겠다고 결심했다.

한국 정부는 그에게 수출할 수 있는 개인 컴퓨터와 인터넷 개발을 요청했다. 실질적으로는 개인 컴퓨터 개발에 더 큰 비중을 두고 있음을 대놓고 표출했다. 전길남은 근본적인 새로운 인프라 구축에 나서야 하는 시대적 요구를 설파하며 인터넷 개발 열의를 수그리지 않았다. 당시의 기술 개발 경로는 미국에서 성공한 모델을 일본이 받아들여 성공하면 그걸 한국이 받아쓰는 수순이었다. 그렇지만 전길남은 독자적 개발에 뛰어들었다. 마침내 세계 두 번째로 인터넷을 개발했고, 세계 정상의 정보와 논의는 인터넷 속에서 지리와 환경의 열악함을 뛰어넘게 했다. 그 후 인프라를 아시아로 확산하는 데 앞장섰다.

먼저 중국과 일본부터 국제 수준으로 끌어올렸다. 서구 인터넷 개발 국가들이 국제위원회를 만들자 했을 때, 전길남은 강력히 피력해 아시아 국가들을 참여시켰다. 그렇게 국제 조직이 여는 회합 장소가 후발주자들에게 교육의 장이 되도록 만들었다. 전길남은 당시 새로 요구되는 기술을 전파할 국제 조직들을 직접 발족했는데, 20년 동안 10여 개 국제 조직을 만들었다. 아시아 국가를 나라별로 일일이 찾아가 도와줄 수 없는 현실이라 두 달에 한 번 한자리에서 만나도록 국제 콘퍼런스를 가동한 것이다. 일단 각 나라의 리더 그룹 수준을 올려서 역량을 키운 리더들이 그 나라를 책임 지도하는 형식이었다. 아시아 인구 전체가 이 혜택을 받아 누렸다. 나아가 그의 실험은 아시아 시스템 모델을 아프리카로 옮겨 성공을 거둬냈다. 전길남은 그때 그렇게 나서지 않았으면 인터넷 분야는 여전히 북미와 유럽이 장악한 체계로 고착됐을 것이라고 회고한다.

차별을 싫어한다고 말하는 전길남 박사에게 '그럼 평등을 추구한다는 말이냐'라고 물었다. 그는 평등이라기보다 공평 fairness이라고 짚었다. 그에게는 주어진 기회를 모두에게 제공하는 공평이 그의 마음에 더 가까운 표현이었다.

경계, 변방, 주변부에 있다는 것은 어쩌면 하나의 기회일 수 있다. 자극 없는 안온한 장소에서 테두리를 감지하는 일이란 여간 어려운 게 아니다. 하물며 지평 너머를 보기란 말해 무엇할까? 경계에서 경계 안팎을 조망하는 것은 혜택을 알아차릴 가능성을 품고 있다. 가장자리를 보았기에 시야를 확장할 가능성이 있다. 내밀려져 응축된 상황에서 움츠려 있기보다 잠재력을 실력으로 바꾼다면, 경계를 넓혀 내가 연결된 모두의 세상까지 확장하는 발산을 일궈낼 것이다. 마이너리티에서 자기 존재를 중심에 구축하기보다 주변을 보듬어 중심의 혜택을 영역 전체로 스며들게 한다면, 그래서 지평이 더 넓게 열리는 확장으로 나아간다면…. 그 속에서 차이는 차별이 아닌 고유함으로 숨을 고를 수 있다.

유한한 시간에 마주하는
아름다움의 생기

외곽순환고속도로를 타고 평촌에서 서울로 들어가는 길, 어둠조차 씻어버릴 기세로 퍼붓던 밤비는 해를 만나 부슬부슬 잦아들었다. 병풍처럼 이어지는 산골짜기에서는 마치 옛 시골집 굴뚝에서 피어오르던 밥 짓는 연기처럼 수증기가 피어오른다. 멀리 백운호수에도 물안개가 넘실거린다. 운전대를 잡고 힐금거리며 나는 그 모두를 기억하려고 눈에 든 장면을 문장으로 바꾸면서 읊조렸다.

아침의 아름다움을 찬찬히 흡수하는 사이사이 그제의 일이 들어왔다.

어머니와 함께 경상북도 봉화를 거쳐 김천에 있는 산속 암자로 향하던 길이다. 봉화 청소년미래환경센터에서 열리는 재외동포 청소년 모국 연수를 마치고 나오는 딸을 마중할 겸 겸사겸사 떠난 여행이다. 웬만하면 나가지 않으려는 나와 달리 어머니는 나들이를 참으로 좋아한다. 오빠와 나를 낳고부터 몸이 약해져 늘 아버지를 쩔쩔매게 했지만, 집 밖에만 나가면 쌩쌩해졌다. 다만 돌아오면 여행의 피로 때문인지, 일상으로 복귀한 무게 때문인지 꼬집어 분류하기 어려운 짜증을 감추지 못했다. 어질러진 집과 흐트러진 다 큰 아이들의 모습이 당신 마음처럼 일사불란하지 않아 그랬을 것이다. 그럼에도 내 속에서는 매번 전국 곳곳, 세계 도처의 아름다움을 보고 와서는 왜 저러는지 모르겠다는 삐딱함이 옹이를 틀고 웃자랐다. 지금은 여든넷 나이에도 장시간 차를 타고 나갈 마음이 동하는 어머니의 체력만으로도 나는 안도한다. 이번엔 발걸음을 멈춘 지 9년 만에 손녀를 앞세우고 김천에 가서인지 더 설레는 듯했다. 창건 때부터 30여 년간 매달 기차 타고 정성을 모아 다녔던 절이다.

새벽에 출발해야 했다. 아침은 간단히 사 먹기로 하고 산길로 접어들기 전, 고속도로 휴게소에서 멈췄다. 그런데 김밥을 사서 차에서 먹으려던 계획이 기다려야 한다는 점원의 말에 틀어졌다. 주문과 동시에 가져갈 수 있는 어묵으로 바꿨다. 딸을 봉화에서 인계받기로 한 만큼 우리는 연수에 참여한 아이들이 인천공항으로 가는 버스에 타기 전에 미리 도착해야 해서다. 어묵을 받아 차로 가려는데 어머니가 먹고 가자 했다. 뜨거운 국물이 담긴 어묵을 요동 없이 차분히 먹고 싶다며. 예전과 다른 모습이다. 시간을 계산하고 나를 재촉했을 어머니는 국물 한 잔을 다 마시고도 아이스라테를 타오면서 챙겨오지 않은 컵을 떠올리며 어묵 국물 담겼던 종이컵을 식수대에서 헹궈 차에 올랐다. 산길은 곳곳이 공사 중이었지만 멈춤 없이 달릴 수 있었다. 오래된 내 자동차도 꿋꿋이 고갯길을 올라갔다.

딸을 데리고 강원도와 맞붙은 봉화에서 충청남도와 맞붙은 추풍령 자락 김천까지 가는 길은 진초록의 향연이었다. 어머니가 한마디했다.

"참 곱다. 예전에는 그렇게 다녀도 여름이라 초록이려니 했는데 지금은 마음에 콕 박히네. 아주 아름답다."

먹먹해졌다. 삼킨 말이 있을 것 같았다. 혹, '또 볼 수 있을까?'란 말은 아닐지. 인간 수명을 거의 누렸다는 생각에 이제 하나하나가 생생하게 온 마음을 채운다는 말이지 싶었다. 어머니의 마음이 자리한 지점이다.

문득 밥상머리에서 장성한 손자들 밥 위에 생선 살을 올려주는 어머니의 손길에도 그 마음이 어려 있지 않을까 하는 데 생각이 미쳤다. 물론 청년인 그들은 멋쩍어하고 성가셔한다. 덩달아 내 마음도 복잡해진다. 그럼에도 요즘 들어 부쩍 "나는 바닷가 원산 출신이라서 생선 먹는 데는 전문가라, 가장자리는 내가 발라야 알뜰히 다 먹을 수 있다"라는 말을 자주 한다. 나 자랄 때도 어머니는 그런 경향을 보였지만, 결은 그때의 긴장 어린 영양 챙기기나 '내 정성에 보답해 맛나게 먹어라'라는 압력과는 멀어졌다. 당신이 여자라서 생선 대가리, 꼬리, 가장자리를 먹을 때 더 편하다는 인식의 습관은 여전해도 삶의 순간에 보이는 정성은 더 짙어진 것 같다.

　한국에 있는 요즘 내가 분명히 알아차리는 내 감정이 있다. 주로 혼자 운전할 때인데 백운호수를 비스듬히 돌 때, 관악산을 마주하며 질주할 때, 한강을 건널 때, 조금이라도 더 자세히 보려 애쓴다. 내게는 빨라야 내년에나 다시 마주할 수 있는 정경이다. 그리움으로 조우하는 애틋한 아름다움들. 유한함을 느끼며 주시하는 시간은 긴장감 높은 집중과는 다르다. 매직아이를 들여다보는 움츠린 집중, 시험 답안을 찾는 곤두선 집중과 달리 지금 몸이 있는 그곳에 내 마음을 데려와 머무는 가라앉은 집중이지 싶다. 누구나 유한하게 누릴 수밖에 없는 그 시간에 실제를 알아차리고 마음의 심도를 낮추면, 생각의 폭은 확장될 기회를 얻는다. 내 곁에 있는 구체적인 존재가 마음으로 들어오고, 그 존재들의 연결이 지표를 뒤덮으며 이어지고 있다는 시야도 트인다. 자연스레 마음이 기울어지며 함께 살길을 찾는 보살핌의 결도 열리지 않을까? 문화인류학자 조한혜정은 망가지고 깨지는 것을 바라보는 마음의 힘을 강조한다. 우리 안에서 망가지는 상황을 직시하며 그 나름대로 생기를 만들어내는 힘이 일어날 수 있음을 상기하게 한다. 그 힘이 물기 어리는 계절에 지표면을 뒤덮는 풀처럼 퍼지길 바란다. 내 안에서도, 당신 안에서도.

그런 당신이
곁에 있어 괜찮아요

유리문 가득 목련 꽃잎이 나부낀다. 2월, 부푼 봉오리가 연꽃 모양새로 보름 내 가지에서 가만가만 그네를 탔다. 3월, 꽃비 되어 후드득 내린다.

캘리포니아주 우리 집 마당엔 이층집 지붕만큼 뻗어 오른 목련나무가 있다. 이민 생활…. 태어나 서른한 해 품었던 4월의 서정을 잃었다. 내 안에 그 서정이 있었음을 떠나와서야 알았다. 마당에 핀 목련을 볼 때마다 노래를 흥얼거리는 나를 알아차렸는데, "목련꽃 그늘 아래서"로 시작한다. 가곡이다. 〈4월의 노래〉.

1990년, 대학방송국 아나운서 희경은 교문 옆에 구름처럼 자리한 꽃 무더기를 묘사하며 LP판을 틀었다. 등굣길, 스피커 옆을 지나던 여대생들이 한마디씩 흘린다.

"오늘도 목련 타령이네."

2학년생 피디와 아나운서 들이 만드는 대학 방송에서는 4월 내내 목련의 생장 과정을 묘사했다. 급기야 3학년 부장단이 '목련 멘트 금지령'을 내렸다. 그 목련이 우리 집에서는 2월에 핀다. '2월의 노래'가 됐다.

캘리포니아주에서 내 여름은 누렇고 겨울은 푸르다. 여름 건기가 끝나고 비가 와야 초록으로 살아나는 들판이기에. 서른 해 넘게 안다고 자신했던 것들이 힘을 잃고 낯선 것들이 나를 흔들어왔다. 나, 괜찮은가?

지난 토요일, 한국학교에 지은이 왔길래 안부를 물었다.
"지은 씨, 괜찮아?"
순간 지은의 마음이 툭 떨어졌다.
"지금은 많이 나아졌어요. 아이가 1학년이 돼서 그런가 봐요."
당황스러웠다.

'지은은 언제를 염두에 두고 말하는 거지?'

몇 마디 더 나누고서야 나는 그때를 기억했다. 코로나-19가 오기 직전, 한국에 사는 친구가 슈타이너 칼리지에서 발도르 프 교육 수업을 들으러 우리 집에 일주일 머문 적이 있다. 나는 옳다구나 하고 친구에게 한국학교 엄마들을 대상으로 자녀 교육 강의를 부탁했다. 그때 한국학교 교사였던 지은이 강의를 들으러 왔다. 끝나갈 즈음 울음을 터뜨렸다. 미국에 온 지 3년째고 아이가 두 살인데, 소방관 남편은 48시간 연속 근무 체계라며…. 특히 아이가 태어난 때는 산불 비상 철이라서 매주 사나흘 넘게 집에 들어오지 못했다고 했다. 혼자 아기를 안고 운 적이 많다고 쏟아냈다. 지은은 4년이 지난 지금도 마음이 캄캄했던 그 동굴로 빠져들곤 하나 보다. 나도 내 마음속에서 오래 이어졌던 동굴의 시간이 떠올랐다. 도대체 우리가 건너온, 아니 건너가고 있는 그 강의 여울목은 어디일까? 이주인가, 결혼인가….

지은과 이야기하며 그래도 내 동굴에 햇살 비치던 순간들을 떠올렸다. 딸이 두 살 때 친정엄마가 방문해서 한 달간 있었는데 햇살이 따사로워 낮에 히터를 돌리기 모호한, 그래서 집 밖보다 안이 추운 2월이었다. 엄마 방과 침대에만 이동식 히터를 틀고 전기요를 깔아주었다. 엄마가 손주들을 쫓아다니는 동안 나는 일하느라 종종거렸을 거다. 엄마가 나를 불러 세우더니 잠깐 당신 침대에 누우라고 했다. 얼굴이 아침보다 부었다고. 엄마 침대에 누우니 몸이 노글노글 풀어졌다. '아! 온돌 같구나.' 누워 창밖을 보니 멀리 야자수가 흐늘거렸다. '세상에, 우리 집이 리조트였네!' 정말 좋았다. '이 지구에서 엄마 말고 누가 나를 위해 침대를 따뜻이 녹여놓고 들어가라고 할까.' 사무쳤다.

연거푸 그 1년 전 일도 떠올랐다. 큰아이 키울 때와 똑같이 밤에 잠 좀 자겠다고 딸도 젖을 물려 재우던 때다. 대학 동창이 중학생 아들 유학을 염두에 두고 미국을 둘러보러 와서 일주일간 우리 집에 머물렀다. 아침에 남편이 출근하려고 막 방에서 나가는데 친구가 저벅저벅 침실로 들어왔다. 미국 물 먹은 지 5년 됐다고 속으로 '어머, 여기 매스터 베드룸인데' 하는 생각이 일었다. 그 순간 곁에 온 친구가 딸을 번쩍 들어 자기 어깨에 탁 걸치는 것이 아닌가. 동시에 아이의 입에서 압축되어 물려 있던 살이 빠져나가는 소리가 울렸다.

"쩌억!"

친구는 한 손으로 아이의 등을 받치고 다른 손으로는 말려 올라간 내 잠옷을 둘둘 내려 배를 덮어주며 속삭였다.

"더 자."

울컥했다. 꼭 엄마의 보살핌이 아니라도 누군가가 나를 보살펴줄 때 마음은 녹아내린다. 그곳이 살고 싶은 곳이고 바로 내 세상이다.

작은애 세 살 무렵 나는 밖으로 나가는 취재를 시작했다. 8년 만이었고, 그 두 해 전부터 10년 정도 내가 사는 곳에서 관계 맺기를 하지 않았다. 아이와 함께하는 시간을 빼고 쓸 수 있는 시간이 하루에 몇 시간도 되지 않아 밤잠을 덜고 지인을 만나는 시간을 삭제했다. 석학들과 문명을 조망하는 인터뷰를 기획하려면 출장을 가야 했기에 동네에서 누군가가 보고 싶어도 프로젝트 끝나면 연락해야지 하며 마음을 다잡았다. 고무줄을 당기고 당겨 팽팽하게 두면 끊어질지언정 다시 돌아가지 않는다. 숨쉬기 어려운 시간을 맞았고 그때 중요한 것을 배웠다. 마음은 펌프와 같아서 물을 한 바가지 붓고 계속 퍼 올리지 않으면 메마르고 그 기능을 잃는다는 것을. 그리울 때는 만나서 나눠야 했다. 프로젝트가 끝나면 병이 났더랬다.

다행히 아이들이 다니는 한국학교에서 다시 사람들과 교류하게 됐다. 토요일이면 아이들을 학교에 들여보내고 주차장 미니밴 안에서 노트북을 붙들고 있었는데, 7년 정도 그렇게 보내다 보니 도저히 미안해서 염치가 없었다. 간식 봉사라도 해야지 싶어 한국학교에 있는 부엌에 들어갔다. 부모들이 돌아가며 간식을 만들던 때다. 또 책 읽는 걸 좋아하는 친구를 만나 북클럽을 만들자고 제안했다. 혼자 읽기 어려운 책을 골라 '너랑 나랑만 읽더라도 하자!' 하고 학부모회Parent-Teacher Association, PTA에 공고도 냈다. 첫날 열네 명이 왔다. 세 번째 모임에서 열한 명으로 자리가 잡혔고, 지금 5년째 매달 한 권 혹은 두 권을 읽고 있다. 오로지 서로에게만 집중해왔다. 어느 집 아이가 대학에 갔는지 가지 않았는지 몰랐고, 아이가 몇인지도 몰랐다. 참 희한하게도 책과 상관없이 서로의 마음이 같은 떨림으로 먹먹해지는 순간이 매번 있었다. 벽돌 같은 경제학책을 보면서도 그랬다. 처음 1년은 만나서 좋다는 소리, 내 마음과 같다는 소리로 서로 위로받고 있다는 마음을 확인하는 감동으로 채워졌다. 왜 그랬을까? 그저 나와 닮은 누군가가 곁에 있다는 것이 그토록 눈물샘을 자극할 일이었나? 이방인으로 사는 사람들은 울 준비가 되어 있는 이들일까?

그런데 그 결핍과 애달픔이 채워지니 바로 '하자! 하자!'로 바뀌었다. 좋은 걸 함께 나누고 하고 싶던 걸 같이하는 작당이 일어났다. 요가 모임은 4년째다. 영어책 읽기, 글쓰기 모임도 있고 얼마 전에는 '논어 공부' 모임도 시작했다. 미국 명절 추수감사절에는 미국에 친척 없는 사람들이 모여 만두를 빚자고 했는데, 친척 있는 이들까지 다 모였다. 다섯 살부터 스무 살 아이까지 엄마를 따라나섰다. 빙 둘러 만두소를 비비는 아이들을 보며 커플이 나오면 좋겠다 싶었는데, 한 커플이 나왔더랬다. 그리고 이태원 참사가 일어났을 때는 우리가 서로 모르고 살던 2014년의 슬픔에 빚진 마음까지 올라오며 새크라멘토에 추모 공간을 만들었다. 지금은 아이들의 세상이 나아지길 바라며 아이들 스스로 세상을 탐험하도록 북클럽 아이들뿐 아니라 한국학교 아이들이 다 같이 경험하는 활동을 꾸려가고 있다.

만나야 한다. 나를 잃어버리는 시간을 건너려면 나를 일으켜야 한다. 마음을 퍼 올려 흘려보내고 비우고 다시 채우는 그 과정은 눈으로 보고 만질 수 있는, 숨결을 나눌 수 있는 만남 속에서 가장 자연스럽게 즉각적으로 일어난다. 20만 년 전부터 우리는 그렇게 진화해왔다. 나와 결이 맞는 한 명만 있어도 세상은 내 편으로 다가온다. 내가 좋아하는 곳에 나를 데려가길 바란다.

회복한 마음은 몸의 감각이 열리도록 작용한다. 그 감각은 타인의 마음도 감지하게 마련이다. 지은이 서른 즈음의 일을 말해줬다. 수많은 그렇고 그런 불안이 깔린 여느 청춘이 힘듦과 서글픔을 느끼는 그런 날, 지하철에 앉아 가는데 눈물이 쏟아졌다고 한다. 낯 모르는 사람들 속에서 그것도 환하디환한 공간이기에 들킬세라 들썩거림도 멈추고 고개를 떨구었는데, 눈물이 허벅지 위로 뚝뚝 떨어졌다고. 눈물은 하염없이 흘렀고 바지가 젖어갔다. 옆자리에 앉은 여성이 가방을 열고 뭔가를 꺼내더니 슬며시 지은의 오른쪽 무릎에 올려놓았다. 휴지였다. 그녀는 아무 말 없이 지은의 옷자락도 건들지 않고 그저 휴지만 놓고 모른 체했다. 지은은 평생 잊을 수 없는 위로라고 말했다. 알은체하지 않음으로써 지켜주려던 마음이 눈물 자국이라도 막아주고파 다가섰던 것 같다. 조심스러운 보살핌이다.

캘리포니아주 해안에 30층 건물 높이의 침엽수 레드우드 군락이 있다. 레드우드는 땅 밑 깊숙이 뿌리를 내리지 않는다. 옆으로 뿌리를 뻗어 서로서로 기대고 2천 년을 살아간다. 우리 모두의 곁에 타인과 함께 잘 살기를 모색하는 마음이 레드우드처럼 군락을 이루기를.

코끼리의 실체

2024년 5월 4일 토요일, 내가 3개월째 이끌고 있는 '퓨처 쉐이퍼스Future Shapers(우리가 만드는 세상)'의 미팅이 있었다. 퓨처 쉐이퍼스는 비영리기구인 새크라멘토 한국문화센터 KLCCSac의 고등학생 그룹이다. 제주 학생들과 비대면 대화를 진행하는 '태평양을 건너는 대화Dialogue across the Pacific' 와 다가올 여름방학에 여는 '풍류 포럼, 인류세 탐구Growing Up In the Anthropocene' 역할 분담을 위한 자리였다. 열한 명 전원이 참가했다. 그중 여섯 명은 한국어를 꽤 잘하는 이중 언어 능통자인데, 이들을 영어가 모국어인 아이들 사이사이 에 앉게 했다. 이어 나는 "한국어로 말할 때 훨씬 말을 멋지 게 한다"라고 선언하고, 한국어를 잘하는 아이들에게 그때부터 내 말을 옆 친구에게 통역하라고 요청했다.

제주 미팅에 관한 내 첫 설명이 끝나자 조용했던 두 평짜리 교실이 순간 UN 회의장으로 변했다. 웅성웅성, 수군수군. 목소리를 낮추고 집중해서 쏟아내는 말들이 파도처럼 일어나 교실에 출렁였다. 2분 정도 지나자 조약돌 깔린 해변에 부서지는 파도처럼 자글자글 사그라들었다. 장관이었다. 마치 영화 〈웰컴 투 동막골〉에서 낙오한 미군 병사에게 이름을 묻고 "스미스"라 답하자, 방에 빼곡히 앉아 있던 마을 사람들이 서로 얼굴을 맞대고 뭐라 뭐라 소곤대다 다시 스미스 병사의 얼굴에 집중하는 듯했다. 그렇게 일제히 스물두 개의 눈동자가 나를 향했다. 내가 다음 설명을 마치자 또다시 장관이 펼쳐졌다.

20여 분이 지나면서 긴장도가 떨어졌는지, 내가 우스갯소리도 해서 자기네 키득거림에 파묻혀서 그랬는지, 찰나의 침묵이 찾아왔다. 그러나 그것은 정말 찰나였다. 곧바로 먼저 눈치챈 아이가 영어로 통역하기 시작했다. 그렇게 1시간 내내 한 명이, 세 명이 혹은 여섯 명 전체가 통역에 끼어들었다. 오케스트라가 교향곡을 연주할 때 악기가 들어왔다가 나가듯 때론 클라리넷이, 때론 현의 무리가, 때로는 마림바가 울렸다. 세 명이 통역으로 나올 때는 세 가지 버전의 영어 통역이 허공을 이리저리 갈랐다. 오페라 갈라 콘서트에서 노래하는 테너 소프라노 바리톤처럼. 나는 오케스트라 지휘자가 된 듯 벅차올랐다. 뮌헨 필의 첼리비다케가, 베를린 필의 카라얀이 이런 기분이었을까? 집중이 만드는 영혼 담긴 소리였다!

회의 도중 9학년 다연의 동생 준석이 미팅에 참석하기로 했다가 그날 아파서 못 온 것을 알릴 때였다. 준석은 올가을 새 학기에 고등학생이 되는 아이로 아직은 중학생이다. 나는 "준석이는 깍두기야"라고 말했다. 준석이가 오늘 나오지 않은 데 책임을 느낄 필요가 없고, 우리도 준석이가 뭔가를 하지 않았다고 생각할 이유가 없다는 의미로 한 말이었다. 아이들 대부분이 의아해하는 눈치였다. 나는 비록 영어권에 속해도 자기는 한국어를 좀 한다고 생각하는 두 아이 중 한 명에게 다정하게 물었다.

"예나, 깍두기 알아요?"

예나가 입안에 버터를 문 듯 상냥하게 답했다.

"옐, 아라요. 킴치!"

그러자 세 명이 나서서 깍두기를 영어로 설명하기 시작했다. 각기 조금씩 다르고 조금씩 모자란 설명이었다. 나도 참가해 그 빈구석을 메웠다.

　그렇다. 눈 감고 코끼리를 만지면 누구는 '평평하다', 누구는 '둥글다', 누구는 '기둥 같다'라고 할 것이다. 그렇게 각자 자신이 만진 것을 모두 말할 때 코끼리의 실체가 드러난다. 우리의 미팅 자리는 그런 시간이었다. 말할 수 있었고, 잘 말하고자 애썼고, 한국어를 '안다' '모른다'를 넘어 서로 생각을 모으려고 진실하게 소통한 시간이었다. 나는 마침내 이루어지는 조화로움을 보았다. 보살핌이 눈에 보이고 귀로 들리는 그 시간 속에서 실체를 보았다.

　멋진 공연을 또 만들고 싶다. 협동의 시간을 눈으로 확인할 때 누구나의 마음은 감동한다. 경험해보시길(아! 그 경험이 떠오르셨나?).